U0447213

本书为 2023 年度江苏省教育科学规划青年专项课题"孔子之叹中的德育思想及其现代性转化研究"（批准号：C/2023/01/111）的项目成果

THE SIGH OF CONFUCIUS
AND ITS EDUCATIONAL
SIGNIFICANCE

傅茂旭 著

孔子之叹及其教育意蕴

中国社会科学出版社

图书在版编目（CIP）数据

孔子之叹及其教育意蕴 / 傅茂旭著. -- 北京：中国社会科学出版社，2024.7. -- ISBN 978-7-5227-3966-3

Ⅰ.G40-092.25

中国国家版本馆 CIP 数据核字第 2024EH6493 号

出 版 人	赵剑英
责任编辑	安　芳
责任校对	张爱华
责任印制	李寡寡

出　　版	中国社会科学出版社
社　　址	北京鼓楼西大街甲 158 号
邮　　编	100720
网　　址	http://www.csspw.cn
发 行 部	010-84083685
门 市 部	010-84029450
经　　销	新华书店及其他书店
印　　刷	北京明恒达印务有限公司
装　　订	廊坊市广阳区广增装订厂
版　　次	2024 年 7 月第 1 版
印　　次	2024 年 7 月第 1 次印刷
开　　本	710×1000　1/16
印　　张	12
字　　数	203 千字
定　　价	68.00 元

凡购买中国社会科学出版社图书，如有质量问题请与本社营销中心联系调换
电话：010-84083683
版权所有　侵权必究

序

　　傅茂旭同志是我指导的博士生。他的《孔子之叹及其教育意蕴》一书要出版了，我由衷地为他感到高兴！

　　著名比较教育学家滕大春先生曾提出"文化多元论"，主张"妥善地把东西方教育史沟通起来和妥善地把中外教育史挂起钩来，借以使人领悟人类教育史的整体性"。可以说，融通中外、传承创新，是实现中国教育持续稳定发展的不二法门。多年前，我比较关注域外教育，曾撰写过《德国比较教育研究》《日本教育文化透视》《中外简明教育史》等。2010年前后，在梳理中国典籍的过程中，我愈发深刻地体会到中国传统教育的独特魅力，转而把更多精力放在传统教育思想的整理与比较上，撰写了《古希腊与古中国道德谱系溯源及比较》《由"君子""小人"到"中民""公民"》等论文。随着研究的深入，我越来越清楚地认识到，比较教育的未来发展方向不仅应涵盖中外比较，更要囊括中国教育的古今比较。在东西方文化、传统与现代智慧的碰撞中，逐步描绘出未来教育的宏伟蓝图。

　　傅茂旭同志在硕士期间就阅读了大量的中西方经典，尤其对儒释道思想具有独到的见解。针对他的博士论文选题，我们曾进行过多次讨论，最终确定为《孔子之叹及其教育意蕴》。这个题目既传统又新颖，具有很高的理论价值和现实意义，同时也有相当的难度。傅茂旭同志经过自身不懈的努力和师友间持续不断地切磋琢磨，最终完成了这部令人满意的著作。

　　全书首先对以往研究进行了归纳和整理，提出了系统研究"孔子之叹"的必要性，并对文本选择、研究方法和研究框架做出了介绍。然后，界定了"孔子之叹"的内涵，对其产生的时代背景包括政治经济制度、礼乐文化、鲁国内外环境等进行了说明。接着进入全书主题，将"孔子之叹"分为"为学之叹""为政之叹""为教之叹"与"为道之叹",分别对其哲学内涵、逻辑路径、史实支撑、教育意蕴等进行了探讨。在"为学之叹"部分,重点阐述了"志于道""志于仁"的为学志向、上古典范与时代精英相结合的榜样体系、"好学不倦""乐以忘忧"的为学态度。在"为政之叹"部分,着重分析了"礼崩乐坏"的本质、"时无君子"的时代状况、为政的原则与次第等。在"为教之叹"部分,沿着为教方法之叹、为教内容之叹、弟子之叹三个层次展开,揭示了孔门独到而充满温情的教学方法、教学内容和师生关系。在每一部分的最后一节,作者结合当代教育的现状,为教育改革提出了可供借鉴的建议。

纵观全书,可称道处主要有以下几点:

其一,"孔子之叹"的切入视角。近年来,随着学术界对中国传统文化的重视,有关儒家教育思想的研究颇多,但从"孔子之叹"的角度切入,系统研究孔子教育思想的研究尚付阙如。"叹"是感情色彩比较强烈的一种表达方式,无论是赞叹、感叹还是惜叹,都比一般言辞更有分量。选择从"孔子之叹"切入,无疑更能提炼出孔子思想的精华,并对教育提出有益的借鉴。

其二,归纳、思辨与历史相结合的研究方法。该书逻辑体系的形成,不是源于已有研究对孔子哲学思想或教育思想的解析,也没有提前预设孔子叹辞之间的逻辑架构。而是基于对孔子叹辞的解读,归纳出其中的逻辑链条,然后寻找史实进行补充说明。这种研究方法更加客观,也更符合儒家思想的原旨。

其三,颇具创新的研究内容。由于切入角度与研究方法的独特,本书也提出了不少颇有新意的观点。诸如,将上古圣贤与时代精英相结合而建立的榜样体系;"从游论道"的参观法、"历事而教"的实践法;孔子从"积极入仕"到"勉强行道"再到"大道难行"的心路历程;"一以贯之"的为道路径等,观点新奇且言之有理。这体现出作者"成一家之言"的创新精神和探究勇气。

其四,翔实有层次的资料占有。该书的引证资料非常丰富,既涉及《论语》《荀子》《孟子》《礼记》《孔子家语》等诸多原典,也涉及古今中外诸多大儒的经典注疏,还涉及哲学、政治学、教育学、历史学等诸多领域的专著。作者不仅对这些资料的使用非常熟练,而且对资料运用的原则进行了说明，表现出扎实的研究基础和严谨的治学态度。

希望傅茂旭同志在后续研究中对以下问题进行深入思考：如何将"为政之叹"的哲思进一步转化为现代德育的生动实践？如何以"孔子之叹"的教育意蕴为基础，对现代教育体系的改革提出更具系统性的意见？

最后，相信该书能够为学术界传统教育的研究添砖加瓦，也能够对中小学教师和广大教育者推广传统文化提供有益的借鉴。

山东师范大学教育学部教授，博士生导师
于洪波
2024 年 3 月

前　言

孔子是中国历史上伟大的哲学家、政治家、教育家。他所创立的儒家学说，不仅促成了中国古代文明的礼仪风范，而且对中华民族的精神风貌与民族性格产生了重要影响。近年来，随着我国对优秀传统文化的重视，学界关于孔子思想的研究也渐有积壤成山之势。尤其围绕孔子教育思想的多角度探析，更是学者们开展研究的重要取径。但管见所及，从"孔子之叹"角度系统探析孔子思想的研究尚付阙如。本书以"孔子之叹"为切入点，对其所蕴含的教育思想进行深入分析，以期为当代教育的改革与发展提供些许借鉴。

"孔子之叹"是孔子一生中所作的叹辞。这些叹辞散见于《论语》《礼记》《孔子家语》等诸多经典，按照情绪表达的不同，有感叹、赞叹和嗟叹之分。"孔子之叹"的产生与春秋时期特定的历史文化背景息息相关。在经济方面，春秋时期已经形成了以粟黍为主、多种农作物并存的农业生产格局。"铁犁牛耕"的技术得到了推广，生产力的发展打破了"井田制"原有的公私界限，旧的生产关系逐渐瓦解。在政治方面，周朝宗法制与分封制的力量逐渐减弱，周天子与诸侯之间由周初比较可靠的父子兄弟关系转变为邦国之间的利益关系。大小宗之间的等级秩序名存实亡，各国纷纷通过战争兼并他国的土地。在礼乐文化方面，礼乐制度对诸侯与贵族阶层的约束日趋衰微，社会伦理失序，面临"礼崩乐坏"的局面。具体到孔子生活的鲁国，在国际与国内形势方面，鲁国此时已沦为军事上的二流国家，折冲在齐、晋、吴等大国之间，暂时维持了相对和平的环境。国内的军政大权则掌握在以季氏为首的三家大夫手中。"礼崩乐坏"、战乱纷杂的时代状况注定了孔子所提倡的王道政治很难得到推展。因此，他的一生颇多叹辞。根据主题不同，本书将"孔子之叹"分为：为学之叹、为政之叹、为教之叹和为道之叹,并分别对其内涵及教育意蕴进行了探究。

"为学"是儒家进德修业的第一要事。就孔子的"为学之叹"来看,他推崇"志于道"和"志于仁"的为学志向。其中,"道"指人道。它源出于天,是人与禽兽的根本区别。其核心内容则是以提升道德修养、和谐人际关系为目的的"仁"。"仁"的内涵可以概括为"爱人",是各种德性的总和,以礼乐为外在表现。"道"与"仁"是同一事物在不同情境下展现出的不同面相,在绝大多数情况下,"志于道"就是"志于仁"。在为学典范方面,孔子主张以上古时期的尧、舜、禹,周朝的文、武、周公以及当代的子产、晏婴、蘧伯玉等为榜样,以"好学不倦""乐以忘忧"的积极态度学习儒家之道,并有意识地避免消极态度的影响。这些对当代学者为学地位的确定、道德典范的树立和学习态度的确立具有一定的价值。

"学而优则仕。"先秦儒家认为,学者学有所成后,便应该入仕为官,通过办政治来利益天下。但彼时正值战乱纷杂、伦理失序的春秋时代,孔子周流列国十余年,仍然没有得到入仕行道的机缘,因此颇有"礼崩乐坏"与"时无君子"之叹。但在周流四方的过程中,通过对各国政治状况和执政者素养的观察与反思,孔子建立了一套以"德"为主体的治国之道。他认为,为政者应该从自身道德出发,通过"正人先正己"的为政原则,采用礼乐仪式来规范百姓的行为,对百姓的道德养成形成巨大感召,进而促进社会秩序的稳定和良风美俗的形成。在为政次第方面,办政治应该以"正名"为前提,以"信"为侧重点,按照"庶—富—教"的次序,最终达到"无讼"的理想境界。这些内容对学者"仁以为己任"的责任感的养成,"勉强而为之"的淑世精神的培养,道德教育的垂范与"无讼"的社会理想的树立等,均具有重要的意义。

"用之则行,舍之则藏。"孔子认为,如果为政的道路走不通,就可以通过为教的方式来教化生徒,实现人生价值。从孔子"为教之叹"来看,他的为教方法包括"叩则鸣"的问答法、"侍坐言志"的讨论法、"从游论道"的参观法、"历事而教"的实践法等。他的为教内容以《诗》《书》《礼》《乐》为基础科目,以《易》《春秋》为高阶科目。他对弟子的"贤能"之处进行了赞叹,对弟子的"不肖"行为进行了慨叹,对弟子的"早夭"进行了惜叹。这些内容对教学方法的选择、教育内容的确定、师生关系的相处等,具有很大的启发作用。

为学、为政、为教的过程,归根到底都是为道的过程。孔子的"为道之叹"意味着君子应该意识到"为道"的必要性,以"谋道不谋食"为原则,通过"一以贯之"的路径,实现明道的目标。"为道"可分为"内圣"与"外王"两个向度。以成就理想人格为目标的"内圣",比以实现社会理想为目标的"外王",具有更优先的意义。因此,君子即使在贫困潦倒之时,也能"安贫乐道";即使在颠沛流离之时,也能"笃信守道"。孔子经历了从"积极入仕"到"勉强行道",再到"大道难行",最后到"大道未行而己身将殒"的心路历程,表现出他行道救世的执着与坚守。这些内容对教育形上体系的建构、学生理想信念的形成、仁者爱人精神的培养等,都具有重要的参考意义。

目　录

绪　论 …………………………………………………………（1）
 一　选题缘由 …………………………………………………（1）
 二　文献综述 …………………………………………………（6）
 三　文本选择与素材运用 ……………………………………（15）
 四　研究框架与研究方法 ……………………………………（17）

第一章　"孔子之叹"的含义与时代背景 …………………（21）
 第一节　"孔子之叹"的含义 ………………………………（21）
  一　"叹"的含义 …………………………………………（21）
  二　"孔子之叹"的含义 …………………………………（23）
 第二节　"孔子之叹"产生的时代背景 ……………………（24）
  一　春秋时期的经济状况 ………………………………（24）
  二　春秋时期的政治制度 ………………………………（27）
  三　春秋时期的礼乐文化 ………………………………（28）
  四　春秋时期鲁国的国际与国内状况 …………………（30）

第二章　为学之叹及其教育价值 …………………………（34）
 第一节　为学志向之叹 ………………………………………（34）
  一　"志于道"的为学志向 ………………………………（35）
  二　"志于仁"的为学志向 ………………………………（37）
 第二节　为学典范之叹 ………………………………………（39）
  一　"尧、舜、禹"上古之典范 …………………………（40）
  二　"文、武、周公"周朝之典范 ………………………（42）

三 "子产、晏婴、蘧伯玉"时代之典范 …………………… (46)
第三节 为学态度之叹 …………………………………………… (49)
一 "好学不倦"的为学态度 …………………………… (49)
二 "乐以忘忧"的为学态度 …………………………… (51)
三 "难以哉"的为学障碍 ……………………………… (53)
第四节 为学之叹的现代价值 …………………………………… (58)
一 "学不能已"的为学定位 …………………………… (58)
二 "古圣先贤"与"时代精英"相结合的榜样学习法 …… (61)
三 "好学""乐学"的为学态度 ………………………… (64)

第三章 为政之叹及其教育意蕴 …………………………………… (66)
第一节 "礼崩乐坏"之叹 ……………………………………… (66)
一 "礼崩乐坏"的本质 ………………………………… (66)
二 "礼崩乐坏"的具体表现 …………………………… (68)
第二节 "时无君子"之叹 ……………………………………… (71)
一 "时无君子"的概况之叹 …………………………… (72)
二 "时无君子"的个案之叹 …………………………… (74)
三 "时无君子"的境遇之叹 …………………………… (76)
第三节 为政原则之叹 …………………………………………… (77)
一 "以德治国"的为政原则 …………………………… (78)
二 "礼让为国"的为政原则 …………………………… (79)
三 "正人先正己"的为政原则 ………………………… (81)
四 "知人用人"的为政原则 …………………………… (82)
第四节 为政次第之叹 …………………………………………… (84)
一 "必也正名"的为政前提 …………………………… (84)
二 "庶、富、教"的为政次第 ………………………… (85)
三 "信、食、兵"的为政侧重点 ……………………… (87)
四 "无讼"的为政目标 ………………………………… (88)
第五节 为政之叹的教育意蕴 …………………………………… (90)
一 "仁以为己任"的责任担当者 ……………………… (90)
二 "勉强而为之"的时代逆行者 ……………………… (91)

三　"正人先正己"的道德垂范者 …………………………… (92)
　　四　"无讼"社会的理想奋斗者 …………………………… (94)

第四章　为教之叹及其教育镜鉴 ……………………………… (97)
第一节　为教方法之叹 …………………………………………… (97)
　　一　"叩则鸣"的问答法 …………………………………… (97)
　　二　"侍坐言志"的讨论法 ………………………………… (100)
　　三　"从游论道"的参观法 ………………………………… (104)
　　四　"历事而教"的实践法 ………………………………… (106)
第二节　为教内容之叹 …………………………………………… (109)
　　一　"思无邪"的《诗》之叹 ……………………………… (109)
　　二　"郁郁乎文哉"的《礼》之叹 ………………………… (111)
　　三　"洋洋乎盈耳哉"的《乐》之叹 ……………………… (113)
　　四　"人君辞诰之典"的《书》之叹 ……………………… (115)
　　五　"可以无大过"的《易》之叹 ………………………… (116)
　　六　"知我罪我"的《春秋》之叹 ………………………… (117)
第三节　弟子之叹 ………………………………………………… (118)
　　一　弟子"贤能"之赞叹 …………………………………… (118)
　　二　弟子"不肖"之慨叹 …………………………………… (123)
　　三　弟子"夭亡"之惜叹 …………………………………… (126)
第四节　为教之叹的教育镜鉴 …………………………………… (130)
　　一　多元化的教学方法 ……………………………………… (130)
　　二　综合性的教学内容 ……………………………………… (132)
　　三　"师徒如父子"的师生关系 …………………………… (134)

第五章　为道之叹及其教育意义 ……………………………… (137)
第一节　志道学道之叹 …………………………………………… (137)
　　一　学"道"的必要性 ……………………………………… (138)
　　二　"谋道不谋食"的为道原则 …………………………… (140)
　　三　"一以贯之"的为道路径 ……………………………… (141)
第二节　乐道守道之叹 …………………………………………… (143)

一 "箪食瓢饮"的乐道之叹 ……………………………………（144）
　　二 "君子固穷"的守道之叹 ……………………………………（146）
第三节 行道传道之叹 ………………………………………………（147）
　　一 "吾其为东周乎"的志在行道之叹 …………………………（148）
　　二 "知其不可而为之"的勉强行道之叹 ………………………（149）
　　三 "归与归与"的大道难行之叹 ………………………………（153）
　　四 "甚矣，吾衰也"的己身将殒之叹 …………………………（155）
第四节 为道之叹的教育意义 ………………………………………（156）
　　一 教育形上体系的建构 ………………………………………（157）
　　二 学生对理想人格的坚守与追求 ……………………………（159）
　　三 因"时"而变的仁者之道 …………………………………（161）

结　语 ………………………………………………………………（164）

参考文献 ……………………………………………………………（167）
　　一 著作 …………………………………………………………（167）
　　二 论文 …………………………………………………………（171）
　　三 网站及报纸 …………………………………………………（177）

后　记 ………………………………………………………………（179）

绪　　论

孔子创立的儒家学说，是中华优秀传统文化的重要组成部分，蕴含着丰富的哲学思想、道德规范和教育理念。自西汉武帝"独尊儒术"以来，儒家作为官方的正统思想，长期受到历代统治者与主流社会精英的推崇。它的创立与发展，不仅促成了中国古代文明的礼仪风范和文化意识，而且对中华民族精神风貌与民族性格的形成产生了巨大影响，甚至穿越时空对当今世界重大问题的解决也具有重要的启迪作用。挖掘孔子及先秦儒家思想的教育意蕴，既是继承与弘扬中华优秀传统文化的重要方式，也是深化教育改革、提高教育教学质量的重要路径。

本书拟以"孔子之叹"为切入点，对其所蕴含的教育思想进行深入分析与解读，并以此为基础探讨先秦儒家教育思想的当代价值，以期为中国教育的改革与发展提供有益的借鉴。

一　选题缘由

本书的主旨是探讨以"孔子之叹"为核心的先秦儒家思想中所蕴含的教育思想。之所以以之为主旨，既是出于对人类未来与社会生态的担忧，也是基于"孔子之叹"本身所蕴含的丰富的教育与教学思想。

（一）孔子及其所代表的先秦儒家思想是解决人类未来问题的一把密钥

尤瓦尔·赫拉利（Yuval Noah Harari, 1976— ）指出，在未来时代，人类将面临三大中心议题：第一，保护人类和地球不被人类自己的力量所害；第二，找到幸福与快乐的关键；第三，获得神一般的创造力和毁灭力，由"智人"进化为"智神"。① 这三大议题正好反映出当今时代令人类深感忧虑的三大问题：其一，如何协调生态环境与社会发展之间的关系。其二，如何兼顾人类对内在幸福与感官快乐的追求。其三，如何平衡不断创新与适度保守之间的矛盾。稽诸典籍可知，早在先秦时期，孔子及其后学就曾对类似的问题做出过深入的思考，其思想或可成为解决当下及未来相关问题的一把密钥。

首先，"天人合一"的思想可以改善人类与自然的关系。先秦儒家认为，在整个宇宙生态中，天地具有生养万物的功能，人类作为与天地并立为叁的存在，可以通过内在德性的修养，辅助天地更好地实现这一功能。如《礼记·中庸》所谓的"致中和，天地位焉，万物育焉"，大凡盖有此意。在这套理论体系中，人类是自然的一部分，应该按照自然所展现的规律——"天道"，进行生产和社会活动。对自然而言，当人类活动符合"天道"时，自然便能够正常运转，整个宇宙生态也可以保持基本的平衡，即使偶尔出现偏差也能在人类帮助下迅速得到恢复。对人类而言，在辅助天地发挥生养功能的同时，人类也在成就自己，通过对"天道"的体会与认同，完善自身的德行，从而实现内在的突破，获得超越性的价值与意义。由是，"天地人一体同春"，达到生态和谐的境界。

其次，孔子的德性和伦理思想是解决幸福与快乐问题的关键。根据心理学观点，"幸福感是一种主观体验，是个体依照自己设定的标准对其生活质量所作的整体评价与感受"②。物质带来的感官享受，如品尝美食、饮用美酒、服食毒品等，看似是产生幸福感的捷径，但这种暂时的快乐并不是真实的幸福。研究发现，真实的幸福来自优势和美德。当一个人运用自己的优势去帮助别人时，他的一天都会过得很幸福。③ 至于如何才能获得持久的幸福，社会心理学家塞利格曼（Martin E. P. Seligman 1942— ）认为，首要的便是"社交广泛，有很多朋友"。而以孔子为代表的先秦儒家正是以培养人的德性为目标。所谓"尊德性而道问学"，通过"修己安

---

① ［以色列］尤瓦尔·赫拉利：《人类简史》，林俊宏译，中信出版社2017年版，第356—394页。
② Diener E., "Subjective Well-being", *Psychological Bulletin*, Vol. 95, No. 3, 1984, pp. 542-575.
③ ［美］塞利格曼：《真实的幸福》，洪兰译，万卷出版公司2010年版，第10页。

人"来成为一个真正的君子。由此而言，儒家本身便是关于美德的学问。此外，在社会关系方面，儒家将人与人之间的关系，分为君臣、父子、夫妇、兄弟、朋友，即所谓的"五伦"，每一伦都有相应的规范与礼节。通过五伦的讲究，一个人便可以在"将心比心"的总原则下，建立起和谐稳定的人际关系，而这正是持久幸福的重要源泉。

最后，孔子对保守与创新的论证有利于当下相关问题的解答。孔子曾说："述而不作，信而好古。"（《论语·述而》）朱熹认为，述为传旧，作为创始，贤者可传旧，而不可有所作也[1]，似乎说孔子是典型的保守派。但从孔子一生的行谊来看，他首创私学，发明仁道，著《春秋》，赞《周易》，无一不是"发前人所未发"的创新之举。他的高徒颜回"闻一以知十"，子贡"告诸往而知来者"，也都是极具思维力和创新精神的贤达之士。所以，杨伯峻认为，"述而不作"的"作"指"不知而作"，很难说孔子的学说中没有创造性。[2] 相反，孔子所谓的"创新"正是建立在"述"和"知"的基础上的。如新礼制的建立应该以旧礼制为基础，并根据现实需要进行增添或删减，"殷因于夏礼所损益可知也，周因于殷礼所损益可知也"（《论语·为政》）。礼仪的改革与否，应该以礼的精神与原则进行考量。"麻冕，礼也；今也纯，俭；吾从众。"（《论语·子罕》）礼帽用麻来纺织符合传统，现在大家都用丝，这样更省工，"我"认同大家的做法。"拜下，礼也；今拜乎上，泰也；虽违众，吾从下。"（《论语·子罕》）拜见国君时，先在堂下行礼，然后升堂再行礼，这是传统礼仪的做法。现在大家节省了堂下的礼节，只升堂后再拜，这是倨傲的表现。虽然与大家的做法不同，"我"依然主张先在堂下行礼。凡此两例，可以看出，在孔子眼中，改革与创新应该有理论依据、有实践基础、有改进原则、有正向影响。若只是天马行空、毫无所本的创新，不仅难以使人类长期获益，反而可能破坏社会秩序、阻碍社会发展，甚至威胁人类生存。

（二）孔子及先秦儒家思想中含有丰富的教育意蕴尚待发掘

从本质上说，教育是作用在人与人之间的直接或间接的活动。通过该

---

[1] （宋）朱熹：《四书章句集注》，中华书局2012年版，第93页。
[2] 杨伯峻：《论语译注》，中华书局1958年版，第65页。

活动，参与双方或者实现了知识的传递，或者实现了技能的训练，或者实现了认知的提高，或者实现了德性的培养。对参与活动的授业方而言，该过程可称为"教"；对受业方而言，该过程则可称为"学"。

就"教"来说，孔子重视教学内容的选择，他"删《诗》《书》，定《礼》《乐》，赞《周易》，修《春秋》"，完成了教材的删编修订。孔鲤趋而过庭，孔子语之曰："不学《诗》，无以言"，"不学《礼》，无以立"（《论语·季氏》），即见他对这套教材的自信。他还曾劝诫弟子，"小子何莫学夫《诗》？《诗》可以兴，可以观，可以群，可以怨"（《论语·阳货》）。推崇之情溢于言表。《论语·述而》有载："子以四教：文、行、忠、信。"其中"文"当指孔门精选教材《六经》。在教育学生方面，孔子则兼具"有教无类"与"因材施教"。孔门弟子中有尊贵如孟懿子者，也有卑贱如冉伯牛者；有富裕如子贡者，也有贫困如闵子骞者；有愚直如曾参者，也有贤达如颜回者。即使以风俗恶劣著称的互乡童子求见，孔子也未曾拒之门外，而是说："与其进也，不与其退也。"（《论语·述而》）可见，凡以礼求教之人，孔子皆有所教诲。

从孔门弟子的日常问答来看，孔子所施之教，概因弟子之材。譬如，樊迟问仁，孔子答曰："居处恭，执事敬，与人忠"（《论语·子路》），乃就独处与行事而言。仲弓问仁，孔子曰："出门如见大宾，使民如承大祭"（《论语·颜渊》），乃就为政的态度而言。司马牛问仁，子曰："仁者其言也讱"（《论语·颜渊》），乃就将心比心的原则而言。颜渊问仁，孔子答曰："克己复礼"（《论语·颜渊》），乃就礼之根本而言。四子问仁，孔子各以其身份、处境、学力之不同而所答殊异。由此一端，可见孔子因材施教之实。

在教学方法上，《礼记·学记》有"豫、时、孙、摩"。"豫"者，禁于未发，即在邪念、恶行出现之前就加以预防。"时"者，当其可，即在恰当的时间与场合给予合适的教学内容。"孙"通"逊"，不凌节而施，即教导弟子应按照修学次第循序渐进。"摩"者，相观而善，即教导弟子应以文会友，不断切磋琢磨，从而获得更好地提升。可以说，当代教学领域的重要论题，先秦儒家已多有涉及。

就"学"而言，孔子十分强调"好学"的重要性。他以"好学"自况，"十室之邑必有忠信如丘者焉，不如丘之好学也"（《论语·公冶长》)。又以之称赞自己最得意的弟子,"有颜回者好学,不迁怒,不贰过"(《论语·雍也》)。君子德性的养成,也正是由"学"开始,"吾十有五而志于学"(《论语·为政》),并且将"学"贯彻始终,"我非生而知之者,好古,敏以求之者也"(《论语·述而》)。此外,孔门还讲究"学"的方法,"博学之,审问之,慎思之,明辨之,笃行之"(《礼记·中庸》);重视学的次第,"格致诚正,修齐治平";还对学的环境有所要求,"群居终日,言不及义,好行小慧,难矣哉"(《论语·卫灵公》)。由此一斑可以窥见,有关学习与学习者形象的论述凝结着先秦儒家修养自身、提升德性的精髓。

(三)以"孔子之叹"为切入点研究孔子及先秦儒家思想有其独到之处

《说文解字》曰:"叹,吞歎也,大息也。"人生在世,或遇诸般乐事,或受种种挫折。情有所悦,则吟咏而歌叹;情有所哀,则吞声而悲叹。由是知"情"是"叹"之根本,透过"叹"可以了知人情。扬雄曰:"言,心声也"(《扬子法言·问神》),心之所向即志。古之志士仁人,或未得其志,道不得行,屈心抑志,多感慨而叹息;或能遂其志,能行其道,志得意满,多歌咏而赞叹。因此,透过"叹"这一特殊言辞,我们可以了知其人之志,可以窥见其人之道。

孔子一生可谓经历坎坷。在为政方面,他曾做过一些小官,"孔子尝为委吏矣","尝为乘田矣"(《孟子·万章》下),也曾经官至卿相,"由中都宰为司空,由司空为大司寇"(《史记·孔子世家》);曾汲汲于用世,"公孙弗扰以费畔,召,子欲往"(《论语·阳货》),也曾因时机不当而选择退隐,"齐人归女乐,季桓子受之,三日不朝,孔子行"(《论语·宪问》)。在为学为教方面,他曾遍访明师,求教长者如"孔子师郯子、苌弘、师襄、老聃",也教导出一大批具有杰出才能的弟子,如"赐也达""由也果""求也艺"等。他首创私学,打破了西周以来"学在官府"的教育模式,也著书立说,开创了影响中国数千年的儒学道统。在识见方面,孔子在外游历十余载,曾先后抵达周都、齐国、卫国、曹国、宋国、陈国、蔡国、楚国,并在此过程中拜会了各国诸侯、大臣、贤者、隐士等,对各地风俗与政治都做过较为深入的观察,可谓博闻而多见者。

正因为孔子一生博学多闻,且几经波折,所以他发出的叹辞也较常人为多，并且意义深远。如访学周都时，他曾赞叹老子犹龙，周公之圣；自齐返鲁后，他曾感叹三家大夫违制僭礼，鲁无君子；游历他邦时，他又曾慨叹卫灵公好色不好德，大道难行等。如是之叹，皆是孔子深层情感的抒发和价值观念的表达。因此，从"孔子之叹"入手，研究儒家思想的教育意蕴，能够对孔子的道德境界和人生追求拥有更为深刻地理解。

二 文献综述

解读与评价孔子思想，一直是中国政治学界和教育学界必须面对的主题。无论是汉武以降的"儒术独尊"，还是肇端于新文化运动的"打倒孔家店"，抑或改革开放以来对传统文化"取其精华，去其糟粕"的观念流行，无不反映出不同时代的人们对孔子及其思想的重视。尤其是近些年来，得益于政府提倡与民间呼吁，学界对孔子及先秦儒家思想的研究也渐有积壤成山之势。据查证，自2007年以来，每年被中国知网（CNKI）数据库所收录的以"孔子"为主题的研究论文都在1500篇以上，内容涉及哲学、历史、政治、文学等诸多学科。然而，当笔者以"孔子之叹"进行主题查询时，却只发现零星的几篇文章。可见，就目前而言，以"孔子之叹"为切入点，对先秦儒家思想所进行的研究尚显匮乏。因此，笔者进一步扩大了检索范围，先以"孔子""先秦儒家"等词汇进行关键词检索，再以《论语》《礼记》等儒家经典中孔子所叹之辞进行主题检索，得到了较多颇有价值的文献。经过多维度地整理分析，现将结果呈现如下。

（一）关于"孔子之叹"的研究

关于"孔子之叹"的研究有显性研究与隐性研究之分。所谓"显性研究"，是指在篇名中直接出现"孔子"和"叹"字样的研究。目前，此类研究十分稀少，故笔者择其优者枚举如下。"隐性研究"则是以分析孔子叹辞为核心的研究。此类研究不胜枚举，故笔者将其分类整理如下。

1. 直接关涉"孔子之叹"的研究

如上所述，以"孔子之叹"为篇名的研究可谓凤毛麟角。管见所及，排除相似研究与低层次研究后，可称道者唯有两篇。

俞志慧在《孔子在川上叹什么——"逝者如斯夫"的本义与两千年来的误读》一文中，列举并分析了历代大儒对孔子"川上之叹"的注释。

他认为，孟子与荀子运用了"比德"的方法，将"逝者"理解为一种"一往无前，勇猛精进的精神"，与孔子的思路及其本人"知其不可而为之"的勇者精神较为契合。东汉郑玄、南朝皇侃等将"逝者"与时间概念、伤逝之情联系起来，有"舍经而自作文"之嫌，此类注疏的产生与两人所处的时代有关，"时代情绪在其解读经典时产生了重大影响，以致伤逝之情遮蔽了孔、孟、荀等原来的'比德'思想"①。至北宋二程、范祖禹、南宋朱熹则认为，"逝者"指道体，"天运而不已，日往则月来，寒往则暑来"②，大道的流行与水相似，故曰"逝者如斯"，君子效法大道，也应当自强不息，纯亦不已。明代王守仁将"逝者"解读为光阴，而将"川上之叹"的重点落实在"学如不及""发愤忘食"上，既继承了郑玄与皇侃的"时间"说，又与先秦儒家与宋代道学家所提倡的刚健精神颇为吻合。近代学者郑浩、杨伯峻等，也将"逝者如斯"理解为"光阴之奔驰"。钱穆则四说并存，且将"年逝不停"置于最前。俞志慧指出，由于公众了解经典一般是通过教材或工具书，杨伯峻的《论语译注》蜚声海内外，并且他所提倡的"光阴说"浅显易懂，最能为大众接受，这是近代以来人们将"川上之叹"误读为感叹光阴流逝的重要原因。

陈洪杏的《从孔子称"天"呼"命"之三叹看孔子"命"意识》，从孔子的三次慨叹出发探析其对"命"这一概念的理解与超越。他指出，在《论语》中，孔子"称天呼命"的地方共有三处：其一，在鲁国任大司寇隳三都受挫时，孔子叹曰："道之将行也与，命也；道之将废也与，命也；公伯寮其如命何？"（《论语·宪问》）其二，孔子去鲁周游，经匡地被围时，叹曰："文王既没，文不在兹乎？天之将丧斯文也，后死者不得与于斯文也；天之未丧斯文也，匡人其如予何？"（《论语·子罕》）其三，孔子去曹过宋，宋司马桓魋欲杀孔子，孔子叹曰："天生德于予，桓魋其如予何？"（《论语·述而》）通过对三次慨叹的分析，陈洪杏认为，孔子继承并修正了殷商以来的"天命观"：继承的是一与多的辩证，孔子思想与殷商思想都含有"一生万物"的哲学观念；修正的是一与多的内

---

① 俞志慧：《孔子在川上叹什么——"逝者如斯夫"的本义与两千年来的误读》，《学术月刊》2009 年第 10 期。

② （宋）朱熹：《四书章句集注》，上海古籍出版社 2006 年版，第 145 页。

涵，商人以"帝"为一，"帝"生万物为多；孔子以"道"为一，"道"生万物为多。以此为基础，孔子实现了对"命"的超越，认为比起能够成全人之死生富贵的"命"，君子更应该关心的是人生第一价值"仁"，"无求生以害仁，有杀身以求仁"。如果没有"仁"，"'命'意识只能在人们的心灵中营造出一种恐怖的氛围"。① 而只有将"命"依于"仁"，才能在人生中找到意义感，进而激发出道德崇高感。

2. 解析孔子叹辞的研究

直接关涉"孔子之叹"的研究虽然少之又少，但解析孔子叹辞的研究却如汗牛充栋。通过对文献的整理分析，笔者认为，可以将这些研究分为赞叹、感叹与惜叹三类。

在赞叹方面，过往研究主要集中在孔子对往圣先贤、杰出弟子和礼乐文化的赞叹上。在往圣先贤方面，詹艾斌探讨了孔子对"尧之为君"的称赞。他认为，孔子赞叹尧时所使用的"大"，不仅是一个道德范畴，而且蕴含着浓厚的审美意味，尧的人生实际上表现为"盛德与崇高、广大且光明之审美风貌的合一"②。刘全志深入解读了孔子对帝舜治国之道的赞叹。他指出，帝舜所以能"无为而治"者，"一是因为他任贤授能，进而使自己'悠哉游逸'；二是因为他能够以谦德修身，进而'以化万民'"③。"无为而治"必得以所任"贤人"的"有为"为前提，通过任贤使能，达到"垂拱而治"的状态。在杰出弟子方面，刘伟总结了孔子对"德行科"弟子的称赞。他认为，将颜渊、闵子骞、冉伯牛和仲弓四位弟子归到"德行科"，反映出孔子"德行"思想的三个层面。其中，"乐道"与"志学"属于"个体"层面，应推颜回为代表。"孝悌"属于"家族"层面，应以闵子骞为榜样。"仁政"则属于"群体"层面，冉伯牛和仲弓是其中的佼佼者。④ 在礼乐文化方面，张燕婴解读了孔子对周朝

---

① 陈洪杏：《从孔子称"天"呼"命"之三叹看孔子"命"意识》，《江苏行政学院学报》2014年第4期。
② 詹艾斌：《孔子以"大"论尧问题初探》，《江西师范大学学报》（哲学社会科学版）2003年第6期。
③ 刘全志：《孔子眼中的舜"无为而治"新论》，《中国哲学史》2013年第1期。
④ 刘伟：《"德行"维度分析——以颜渊、闵子骞、冉伯牛、仲弓为例》，《孔子研究》2014年第2期。

礼仪的赞叹。她指出,"周监于二代,郁郁乎文哉"(《论语·八佾》),应该被理解为"孔子主张效法周代那种继承与借鉴历史经验的文化政策,而不是机械地照搬照用周代的礼仪制度本身"①。肖琦辨正了"子谓《韶》"章中孔子对《韶》乐与《武》乐的不同评价。他认为,孔子眼中的《韶》乐之所以"尽美""尽善",是因为它达到了艺术上美与真诚的统一。《武》乐则夸饰了伐纣的正义性,有违"修辞立其诚"的艺术原则,"美"与"真"的统一未能达到完满的境界,所以不能称之为"尽善"。②

在感叹方面,学者对孔子感叹的研究类型不一,这大概与相关叹辞的零散分布有关。吴天明解析了孔子"唯女子与小人为难养也"的感叹。他认为,孔子所骂的"女子与小人"不是泛指一般女性与普通百姓,而是特指"天子、诸侯、卿大夫的那些很不安分的宠妾与宠臣"。他们常常为了一己私利而突破礼制,搅乱君子的心智,甚至搅乱朝纲,祸患天下,因此受到孔子的鄙视。③蔡新乐从阴阳之道的释义原则出发,认为《论语·公冶长》中孔子的"归与归与"之叹,"不一定是指回归地理上的某个所在,而应理解为精神上的'家园之归'"。这种回归,既包括呼吁弟子回到自己本初的位置,真正做到"行己有耻",也包括对"文"的内化,将自我追求与国家责任结合起来,使"自我回归"到文化传承者的角色。④劳悦强从思想史立场追溯了先儒对孔子"攻乎异端"之叹的诠释,指出"异端"并非汉儒所谓的"奇巧他技",也非宋儒所谓的"非圣人之道"。按照孔子的原义,"'攻乎异端'实指为人治学应当注意同一事物必具两端,方可共成一体,若偏治一端,必有其害"⑤。毕宝魁辨析了孔子"不有祝鮀之佞"之叹的本义。他认为,"祝鮀之佞"即巧舌,"宋朝之美"即令色,"难免于今之世"即不被重视,难免要寂

---

① 张燕婴:《"周监于二代,郁郁乎文哉,吾从周"探释》,《北京大学学报》(哲学社会科学版)2003年第4期。
② 肖琦:《"子谓〈韶〉"章辨正——孔子思想中的艺术与伦理》,《孔子研究》2016年第6期。
③ 吴天明:《〈论语·阳货〉篇"女子与小人"新解》,《孔子研究》2020年第3期。
④ 蔡新乐:《"归于归于"与"斐然成章"之译解》,《外语研究》2017年第1期。
⑤ [新加坡]劳悦强:《"异端"的思想史考察》,《杭州师范大学学报》(社会科学版)2020年第1期。

寞沉沦。该章的译文应为"如果没有祝鮀那样的伶牙俐齿，或者没有宋朝那样的美貌，在今天这样的世道里就难免要被冷落疏远，要寂寞沉沦了"①。

在惜叹方面，学者们的研究主要集中在孔子叹"礼崩乐坏"、叹"君子早夭"和叹"大道难行"三方面。在"礼崩乐坏"方面，李凯以出土器皿为依据，解读了《论语·雍也》中孔子"觚不觚，觚哉，觚哉"的感叹。他认为，"孔子所感叹的觚，可能是漆木觚，亦可能是觯；'觚不觚'表达了他对此器失去殷人风格的失落，对社会变迁的感慨"②。赵玫分析了孔子"尔爱其羊，吾爱其礼"的惜叹，认为历代先儒中朱熹的解释最为恰当，"礼虽废，羊存，犹得以识之而可复焉。若并去其羊，则此礼遂亡矣，孔子所以惜之"。而"爱其礼"便要复其礼，复其礼则应回到万物根据上来，对万物充满爱。子贡是"爱羊"，孔子是既"爱其礼"，也"爱其羊"。③

在"君子早夭"方面，孙秀昌透过孔子对颜渊之死的痛惜，揭示了原始儒家的生死观。他认为，孔子"通过颜渊之死这一'临界处境'，穿透了'死生'、'富贵'这一重价值，透视出这位以'仁'立教的圣哲不以'死生'、'富贵'为念的那层生命的洒脱和高尚的人格境界"④。刘雪飞解析了孔子对冉伯牛所发出的"斯人斯疾"的慨叹，认为"伯牛有疾构成了一种独特的文化现象，而孔子乐天知命、不怨天尤人、尽人事而后听天命的人生态度，正是对'伯牛有疾'现象最为积极的诠释"⑤。刘蕙孙通过孔子对子产"古之遗爱"的惜叹，判断两人应该是惺惺相惜的战友关系。他认为"他们是在不同历史时期，采用不同方法或在同一时期而设想不同步骤的同路人"⑥。

在"大道难行"方面，李智福从现象学角度考察了孔子"凤鸟不至，

---

① 毕宝魁：《〈论语〉"不有祝鮀之佞"章本义辨析》，《北京大学学报》（哲学社会科学版）2009年第2期。
② 李凯：《"觚不觚"再释》，《四川文物》2009年第5期。
③ 赵玫：《〈论语〉"子贡欲去告朔之饩羊"章解》，《切磋集系列》2015年第1期。
④ 孙秀昌：《"生命在场"与"临界处境"——由孔子哭颜渊兼谈良知哲人的生死观》，《邯郸学院学报》2005年第4期。
⑤ 刘雪飞：《"伯牛有疾"现象探析》，《齐鲁学刊》2016年第6期。
⑥ 刘蕙孙：《孔子政治思想重探》，《东岳论丛》1982年第2期。

河不出图"的慨叹。他指出,这句话是孔子未能施展抱负而己身将陨的感叹,"是孔子晚年壮志未酬,万念俱灰的真实写照"。①

(二) 关于孔子及先秦儒家教育思想的研究

孔子及先秦儒家思想中蕴含着丰富的教育理念,长期以来,受到学者们的广泛关注。尤其在晚近几年,随着政府提倡与民间崇尚,学界关于孔子及先秦儒家教育思想的研究也日渐增多。经过详细梳理,笔者认为,这些研究可分为以下几类。

1. 《论语》章句中教育思想的解读

从《论语》章句管窥孔子的教育思想是研究先秦儒家教育意蕴的重要路径。陈高华以《论语·学而》篇为文本,从"学"的本义、目的、品格、状态四个方面阐释了孔子"学而为人"的教育理念,对现代教育视域下学生古典素养的培养具有重要意义。② 庄紫园、张祥浩辨正了"有教无类"的是与非,认为从施教层面与教育结果上解释该词不符合孔子教育思想的实际。只有从接纳教育对象的视角上,将之理解为"不管是什么人,只要他愿意来学,我都教育,没有贵贱、贫富、贤愚、地域、年龄的区别",才较为符合孔门教育的特色。③ 赵庸谦从句意、句式和文字的翻译入手,分析了《论语》"不愤不启"章的原始本义,"孔子的启发性教育,其实是激发被教育的对象,从思维的活动和语言的组织方面,从以往通常被理解的被动,变为积极主动的过程"④。陈连珠、李宪川追溯了众多著名学者对"君子不器"的解说,认为"君子不器"的教育思想对个人道德修养的提高与人格的完善具有教化意义,对当政者选贤任能、治理国家具有现实的指导意义,对教育本身的理解具有重要的导向作用。⑤ 李宏阐发了"性相近,习相远"中的教育思想。他认为,该章在人性的论述上具有一定的模糊性,其章旨应是"责习不责性,以勉人为学"。同时,该章还在一定程度上体现了终身学习的内涵,能够为教育平

---

① 李智福:《孔子"临流兴怀"之现象学考察》,《齐鲁学刊》2016年第3期。
② 陈高华:《学而为人——〈论语·学而〉的教育意蕴》,《湖南师范大学教育科学学报》2015年第1期。
③ 庄紫园、张祥浩:《"有教无类"的是与非》,《学术界》2015年第12期。
④ 赵庸谦:《〈论语〉"不愤不启"章教育思想初探》,《孔子研究》2017年第1期。
⑤ 陈连珠、李宪川:《孔子"君子不器"教育思想解读》,《兰台世界》2014年第33期。

等化、教育促进个人发展等提供理论依据。①刘雅俊解析了"子路、曾皙、冉有、公西华侍坐"章中的言志教育，指出"孔子把确立高远的仁治志向作为教育学生的中心，并且通过启发诱导，学生自知自省，进行言志教育，从而可见孔子教学艺术之高妙"②。

2. 某一视角下孔子的教育思想及其价值

从某一侧面或某一视角探究孔子思想中的教育意蕴，也是先秦儒家教育思想研究的重要取径。从当前研究来看，石中英论述了孔子"仁"的思想，认为"爱人"是"仁"的总纲领，"己所不欲，勿施于人"与"己欲立而立人，己欲达而达人"是"仁"的基本行为准则，"能近取譬"、推己及人是行"仁"的根本方法。这些认识"能够启迪教育者重新思考教育的人性基础、价值取向以及道德情感包括同情心在道德教育和人的形成中的重要性"③。孙德玉、许露阐释了先秦儒家"比德"思想中的教育意涵，认为这一思想"既奠定了先秦儒家厚德的文化基础，又增加了对自然的审美情趣，更凸显了全面完善的君子人格之美"④。李诗和、徐玖平总结了孔子教育思想中的自然主义特征，"欲不逾矩""以物比德"体现了效法自然的原则，"有教无类""寓教于乐"体现了对自然人性的尊重，"因材施教""循循善诱"体现了对学生心理及生理发展状况的重视。⑤段微晓、阮海波指出，孔子思想中蕴含着丰富的教育民主思想。其中，"有教无类""教学相长"，反映了教育民主的原则；将知识教育与道德教育相互融合，反映了教育民主的内容；以培养道德高尚、擅长政治的君子作为培养目标，反映了教育民主的目的。⑥李丽丽、王凌皓以教育学

---

① 李宏：《从"性相近也，习相远也"管窥孔子教育思想》，《历史教学》（高校版）2007年第5期。

② 刘俊雅：《孔子言志教育的主导思想和目的刍议——析〈论语·子路、曾皙、冉有、公西华侍坐〉》，《新疆大学学报》（哲学社会科学版）1995年第1期。

③ 石中英：《孔子"仁"的思想及其当代教育意义》，《教育研究》2018年第4期。

④ 孙德玉、许露：《论先秦儒家"比德"思想的教育意涵》，《高等教育研究》2015年第7期。

⑤ 李诗和、徐玖平：《自然主义教育思想视域下孔子教育思想的特征研究》，《理论月刊》2017年第3期。

⑥ 段微晓、阮海波：《孔子的教育民主思想及其现实启示》，《教学与管理》2016年第1期。

为视角探析了以孔、孟、荀为代表的先秦儒家的人学思想体系。他们认为,先秦儒家的人本概念奠定了教育的人文取向和德育为首的理论基础,有关人性的论述为人文教育提供了可能性前提,对人的社群性和理想人格的阐释为人文教育提供了出发点与目的地。①

另外,还有不少学者从其他角度出发研究先秦儒家某一方面的教育思想。如王长恒、牟海萍探讨了先秦儒家礼育思想的要旨及其对当代大学生思想政治教育的启示。② 李保强等系统审视了孔子"义"的伦理思想,并据此提出了当代公德教育的践行路径。③ 徐照明描述了孔子乐教思想的特点,认为其对大学生人格素养的养成具有重要意义。④

3. 孔子及先秦儒家教育思想的比较研究

对孔子及先秦儒家教育思想的研究还可以从比较的维度加以展开,分为横向比较和纵向比较。在横向比较方面,刘兆伟⑤与黄重庆⑥比较了孔子与苏格拉底思想的异同。他认为,两人共同点在于:孔子与苏格拉底都主张培养德才兼备的治国人才,都践行着"有教无类"的教育改革思想,都十分重视学生道德品格的培养,都能够熟练运用启发式教学。两人的殊异处在于:在整体观念上,孔子更强调个体对公共秩序与群体意识的服从,而苏格拉底更关注个体发展的重要性及对生命个体的尊重。在教学方法上,孔子认为教师应该在学生求之而未得之时予之指导,苏格拉底则主张用"助产术"的方式主动帮助学生一步步接近真理。在求知目的上,孔子表示求知的目的在于为政,担负起治理国家和服务人民的责任,苏格拉底则将求知定位为发展个体的"德性",并逐步探究万事万物的本质。陈桃兰梳理了孔子与柏拉图教育思想的异同。她认为,在成长背景上,孔子出生于没落的士族家庭,柏拉图成长于养尊处优的贵族家庭,这使得他

---

① 李丽丽、王凌皓:《先秦儒学人学思想探析——以教育为视角》,《教育研究》2009 年第 11 期。

② 王长恒、牟海萍:《先秦儒家礼育思想对大学生思想政治教育的启示》,《学校党建与思想教育》2017 年第 20 期。

③ 李保强、陈海岩、胡彬涵:《孔子"义"伦理思想及其公德教育的践行路径》,《学校党建与思想教育》2019 年第 24 期。

④ 徐照明:《论孔子"乐教"的成人之道》,《湖北社会科学》2021 年第 8 期。

⑤ 刘兆伟:《孔子与苏格拉底教育思想之比较》,《教育评论》2002 年第 5 期。

⑥ 黄重庆:《浅议孔子与苏格拉底教育思想的异同》,《教育科学》2003 年第 12 期。

们的教育主张先天带有平民性与贵族性的区别。在教育目的上，两人都主张为国家培养统治者和保卫者，但"孔子追求的是德才兼备、关怀民众的君子，而柏拉图要培养的是热爱真理、充满理性的哲学王"。在教育对象上，孔子提倡"有教无类"，认为人人都可以接受教育，柏拉图则主张"精英教育"，认为受教育权有贵贱之分。在教育内容上，孔子以"六艺"为主，重视"礼"教与德行的培养，柏拉图则偏重自然科学，注重学生理性思维及抽象思维的培养。① 施晓光从思想史的角度考察了孔子与亚里士多德教育思想的异同。二者的相似处在于：他们都强调从完善个人品德出发构建社会和谐，都重视道德教育的学习与实践。二者的区别在于：亚里士多德将教育视为改进个体状态的工具性手段，重视理性及习惯的养成；而孔子则将教育看作个体发展所需的目的性生活，需要通过学习与实践才能完成；"亚里士多德呼吁教育应该考虑与幸福相关的社会和知识技巧，而孔子强调教育应该考虑与道德和谐的习性的发展"② 。张倩红对圣经时代的犹太教育与先秦儒家的教育思想进行了比较，认为它们的相同之处"主要表现在对教育的高度重视，对道德教育、知识教育与技能教育的并重以及采用'学、思、行'相贯通的教学原则"。不同之处表现在圣经时代的犹太教育是以神本主义为核心，而先秦儒家的教育思想则是以人本主义为主线。③

在纵向比较方面，许梦瀛阐释了孔子与孟子教育思想的主要内容，指出孟子在教育功能、教育与政治经济的关系、教育与从政人才的培养、教学方法等方面继承与发展了孔子的教育思想。④ 萧成勇对先秦儒家与墨家的原理与方法进行了比较，认为儒家创设了"崇德辨惑""以德帅智"的教育观，墨家则提升了"智"在伦理养成中的作用，形成了"以智帅德"的道德智慧论，从而实现了对儒家道德教育的超越，确立了道德智慧的核

---

① 陈桃兰：《孔子与柏拉图的教育思想比较》，《管子学刊》2004年第1期。
② 施晓光：《孔子和亚里士多德———一个比较教育思想史的研究》，《外国教育研究》2005年第2期。
③ 张倩红：《圣经时代犹太教育与先秦儒家教育思想比较》，《河南大学学报》（社会科学版）2004年第6期。
④ 许梦瀛：《孟子对孔子教育思想的继承与发展》，《河南师范大学学报》（社会科学版）2000年第1期。

心价值。① 张昊对陶行知与孔子的教育思想做了背景与内容的比较。他指出，贫寒的出身与奋斗的经历是两人产生公平教育思想的重要因素。他们都有"爱人"的思想，具有为天下苍生谋幸福的道德情怀。他们都提倡"有教无类"和"因材施教"，认为无论贵贱贫富都有受教育的权利，应该根据学生的兴趣与能力的差异施以不同的教育。②

（三）研究述评

综上可知，改革开放以来，学界对孔子的哲学思想和教育思想进行了较为全面细致的研究。但总体而言，依然存在一定的偏颇与不足。首先，就"孔子之叹"而言，学界直接关涉"孔子之叹"的研究为数尚少，较为重要的是俞志慧的《孔子在川上叹什么——"逝者如斯夫"的本义与两千年来的误读》和陈洪杏的《从孔子称"天"呼"命"之三叹看孔子"命"意识》两篇。这两篇文章从不同的层面阐释了"孔子之叹"某一方面的内涵这一主题全面的认识和了解。其次，以解析孔子叹辞为核心的研究虽然数量众多，且不乏扛鼎之作，但尚未发现从"孔子之叹"出发，系统探讨孔子思想的论文或著作。再次，就孔子的教育思想而言，现有研究大多从教学层面出发，对孔门教学的理念、方法、次第、内容、组织方式等进行了深入分析，却很少有人从学习者角度对孔子思想进行解读，存在严重的"重教不重学"的现象。最后，多数学者从当代教育视角出发，关注孔门是如何选择教育对象的，如何传授教育内容的，如何评价教学成果的，却未曾对儒家"察乎天地"的形上之道产生足够的兴趣。多数研究重视技术层面的"器"，却忽视了形上层面的儒家之"道"，存在比较明显的"重器轻道"的现象，这显然并不合适。

基于此，本书拟以"孔子之叹"为切入点，通过分析不同类型的孔子叹辞，发掘其中的教育意蕴，以形成系统的理论成果，弥补现有研究的不足，并为现代教育的发展提供些许借鉴。

三　文本选择与素材运用

本书既然以"孔子之叹"为研究对象，探析其中的教育意蕴，就要

---

① 萧成勇:《从"以德帅智"到"以智帅德"——墨学道德教育思想对先秦儒家的超越》，《现代大学教育》2016年第5期。

② 张昊:《陶行知与孔子教育公平思想比较》，《中学政治教学参考》2016年第15期。

对孔子叹辞的出典、补充材料、注疏等做出规定和说明，以在一定程度上保证该研究的可靠性，并明确其局限性。

（一）文本选择

1. 本书作为主要研究对象的孔子叹辞，主要出自《论语》。该书相传是由孔子弟子及其再传弟子编纂而成。如，东汉班固指出，《论语》是"夫子既卒，门人相与辑而论纂"（《汉书·艺文志》）；北宋程颐认为，"《论语》之书，成于有子、曾子门人"①；今人杨伯峻根据书中师弟子的姓名称谓判断，"《论语》的篇章不但出自孔子不同学生之手，而且还出自他不同的再传弟子之手"，除曾子、有子的弟子外，应该还有琴牢、原宪的笔墨，也可能有闵子骞与子夏门人的笔墨。②如此等等，不一而足。但无论出自哪些弟子或再传弟子之手，史学界比较公认的事实是：《论语》是研究孔子思想最权威的资料。正如钱穆先生所言，"若考孔子行事，并《论语》而疑之，则先秦古籍中将无一书可奉为可信之基本"。③

2. 对"孔子之叹"的含义和背景进行参证与补充时，不可避免地会引用到其他典籍和史料。本书所用典籍主要包括：《礼记》《孟子》《荀子》《易传》《孔子家语》《孔丛子》。《礼记》传说为孔门弟子及其后学的记礼之说，主要为戴德、戴圣所抄录辑纂。该书虽有今古文混杂之弊，但主要是孔子礼学思想的阐发庶无大谬。《孟子》与《荀子》虽较《论语》晚出，但分别为战国时期的大儒孟轲、荀况及其弟子所著，里面所包含的有关孔子的语录及事件也具有很高的可信度。《易传》传说为孔子所作，今本定型于汉朝宣元年间④，有成书早晚之疑，但也是阐发先秦儒家思想的重要著作。《孔子家语》与《孔丛子》历代持伪书论者甚多，20世纪末经出土文献印证后，始被学者重视，亦有丰富的文献价值。本书所引史书主要包括《左传》和《史记》。《左传》相传出自鲁国史官左丘明之手，经西汉刘歆转相发明后，章句义理始备，相较于《春秋公羊传》与《春秋谷梁传》，该书较为准确地记录了孔子政治活动的重要节点，是考察

---

① （宋）朱熹：《四书章句集注》，上海古籍出版社2006年版，第56页。
② 杨伯峻：《论语译注》，中华书局1958年版，第27页。
③ 钱穆：《孔子传》，生活·读书·新知三联书店2012年版，序第5页。
④ 刘震：《孔子与〈易传〉的文本形成之管见》，《孔子研究》2011年第4期。

孔子行谊及思想的必备书目。《史记》为西汉司马迁所著,《孔子世家》是记录孔子生平的第一篇传记,含有不少关于"孔子之叹"的重要史料。

3. 在解析孔子叹辞时,通常也会参照历代大儒的注疏和著述。根据研究预期,常用书目分为古今两种。古书主要包括南梁皇侃的《论语义疏》、南宋朱熹的《四书章句集注》、清朝刘宝楠的《论语正义》、日本竹添光鸿的《论语会笺》等。今书主要包括程树德整理的《论语集释》、钱穆的《论语今解》、李炳南的《论语讲要》、杨伯峻的《论语今译》、李泽厚的《论语今读》。遴选依据为:通过古代经典注疏可窥见儒道之传承,通过程树德的《论语集释》能浏览各家之概貌,通过钱穆的《论语今解》与李炳南的《论语讲要》可识得今人注疏之精华,通过杨伯峻的《论语今译》能把握今人对《论语》的普遍认知,通过李泽厚的《论语今读》可了解解读《论语》的另一视角。

(二) 素材运用

本书以《论语》为第一手资料,所取叹辞主要出自《论语》,解析相关叹辞时,以该书章句间的相互发明与参证为最上。《礼记》《孟子》《荀子》《孔子家语》《史记》等经典是解析孔子叹辞的第二手资料,主要用于补充说明"孔子之叹"产生的历史背景及其内在意蕴,当它们与《论语》发生矛盾时,以《论语》中的章句及其所言义理为上。后世注疏是解析孔子叹辞的第三手资料,它们是扫除《论语》中字辞障碍的必备资料,但同时又多有崇圣色彩,因此作为本书批判性使用的重要文本。

本书对待孔子的态度是:不预先设定他的形象,既不将其视作"无所不知"的圣人,也不将其看作"斯亦不足观"的常人,尽量以历史事实为前提,以数理统计为依据,以经典研究为参照,以合乎逻辑为原则,对孔子形象及其叹辞进行不同方面、不同层次的解读。

四 研究框架与研究方法

(一) 研究框架

以"孔子之叹"为研究对象,探讨其中的义涵及教育意蕴,通常有两种取径。

一种是以时间为线索,将孔子的一生分为若干阶段,对每一阶段的叹辞进行分析,挖掘其中的教育意蕴。孔子曾说:"吾十有五而志于学,三十而立,四十而不惑,五十而知天命,六十而耳顺,七十而从心所欲不逾矩。"(《论语·为政》)这一自述似乎是划分阶段的一种不错的方式,一些孔子的传记,如鲍鹏山的《孔子传》等,也是据此划分了章节,并在学界产生了一定的影响力。但这种划分方式,更多的是孔子对他在不同年龄所达到的人生和学问境界的判定,用以概述其"为学之路"十分恰当,但据此对"孔子之叹"进行主题划分并不合适。正如钱穆先生所言,孔子的生平除了自学、教人外,还有政治事业与著述事业。[①] 由于孔子少年和青年时代以访学为主,而其政治事业又分为鲁国任职阶段与周游列国阶段。因此,我们可以将"孔子之叹"的研究框架确定为:访学期、居家期、仕鲁期、游历期和著述期。

另一种是以主题为线索,将孔子一生的事业分为若干主题,通过对每一主题的叹辞进行分析,探究其内蕴的教育价值。从孔子的学问人生来看,他的人生主题大致可以分为四个:一是"为学之叹"。孔子曾自况说:"其为人也,发愤忘食,乐以忘忧,不知老之将至云尔。"(《论语·述而》)"好学""为学"可谓贯通其一生道德学问的根本。二是"为政之叹"。子夏曾发明师教说:"学而优则仕"(《论语·子张》),孔子提倡弟子学有所成之后,通过仕途以淑世。可以说,为政是儒者立己立人的重要向度。三是"为教之叹"。孔子说:"用之则行,舍之则藏"(《述而》),如果有明君重用于我,我将行道于天下;如果不遇明君,我则藏道于民间。在孔子看来,"藏"不是隐居起来,不问世事,而是通过办教育培养弟子,使其成为未来的可用之才。孔子一生未能得君行道,办教育成为他人生中至关重要的一个主题。四是"为道之叹"。孔子说:"朝闻道,夕死可矣。"(《论语·里仁》)在孔子看来,道的重要性要超过生死。孔子一生所为,就其根本而言,无外乎明道、行道、传道三事。因此,为道也是贯通孔子一生的重要主题。

通过对大量孔子叹辞的整理分析后,可以发现:第一种研究框架容易出现主题混乱的现象。譬如,在居家期,孔子曾对为学、为政、为道的不同方面都发出过叹辞。在著述期,他也对鲁国的政治状况、弟子的过早离世、大道的难明难行等多个主题发出过感叹,很难系统地对"孔子之叹"

---

① 钱穆:《孔子传》,生活·读书·新知三联书店2012年版,序第2页。

展开深入的研究。而且大量的孔子叹辞没有明确的时间特征，无法确定归类到哪一时期。因此，本书拟采用第二种研究框架，即将"孔子之叹"分为："为学之叹""为政之叹""为教之叹"和"为道之叹"四个主题进行研究。在正式进入主题研究前，本书拟对"孔子之叹"的含义与孔子所生活的时代背景进行考察。由此，本书共分为五章：第一章是"孔子之叹"的含义与时代背景；第二章是"为学之叹"及其教育价值；第三章是"为政之叹"及其教育意蕴；第四章是"为教之叹"及其教育镜鉴；第五章是"为道之叹"及其教育意义。

（二）研究方法

本书采用定量与定性相结合的研究范式，所用方法主要包括文献法、统计分析法、历史法和比较法。

1. 文献法

文献法的运用，贯穿本书始终。在"绪论"中，本书通过对相关文献的检索、整理与分析，得出了"孔子之叹"及其相关课题的研究现状，为本书的进行奠定了基础。在后续研究中，针对孔子的"为学之叹""为政之叹""为教之叹""为道之叹"等不同主题，本研究也从《论语》的文本出发，解读、提炼并系统总结每一主题的哲学义涵，并运用《礼记》《孟子》《荀子》等经典加以佐证，最后得出其教育意蕴或教育价值。

2. 历史法

历史法也是本书的重要方法。在"孔子之叹"的时代背景方面，为了清楚说明这一时期的经济状况、政治制度、礼乐文化和国际形势等，本书拟对西周以来的政治、经济、文化的发展脉络做出简要的梳理，这无疑是历史法的范畴。在"孔子之叹"的解析方面，本书将对孔子发出某些叹辞的情境进行史实的考察，这里对相关史料的分析与运用，也是运用历史法的体现。

3. 统计分析法

统计分析法主要是对《论语》中的某些重要文辞，如"学""仁""道""君子"等进行数理统计，进而说明这些文辞在孔子思想中的重要地位。这一方法对本书框架的确定、为学志向的探究、为教内容的阐释等具有重要作用，能够从数据上说明探讨某一主题必要性，或为学、为教的主要内容究竟为何。

4. 比较法

本书使用的比较法以古今比较为主，中外比较为辅。在具体章句的解析中，通常会涉及古代大儒与当代著名学者对某一文辞的理解方式与阐释路径的异同，通过比较，我们可以进一步挖掘孔子叹辞中的哲学涵义与教育意蕴。在某些章节中，如"为学志向之叹"和"乐道守道之叹"中，本书也会少量涉及中日儒者的不同观点，以此来说明他们对为学志向的不同认知及对乐道原因的不同分析等。

第一章

"孔子之叹"的含义与时代背景

孔子，名丘，字仲尼，生于鲁襄公二十一年（公元前551年），卒于鲁哀公十六年（公元前479年），鲁国昌平乡陬邑（即今山东曲阜县鄹城）人，是"轴心时代"中国最具影响力的思想家、政治家、教育家。"孔子之叹"，作为孔子一生中一种比较激烈的情感表达方式，具有鲜明性、真诚性、深沉性等特点。这些叹辞蕴含着孔子对不同人、事、物的认知、态度和价值观，自然也渗透或者延伸出孔子的教育理念。从"孔子之叹"出发，研究孔子的思想及其教育意蕴，无疑具有重要的理论价值和现实意义。在进入主题研究之前，本书拟对"孔子之叹"的含义及其产生的时代背景做出明确的交代。

第一节 "孔子之叹"的含义

任何理论的建构，都需要以核心概念为基石，逐步延伸出一套完整的理论体系。对"孔子之叹"的研究也不例外，下文首先对"孔子之叹"的相关概念进行界定。

一 "叹"的含义

从生理学角度来说，"叹"可以阐释为"大息"。《说文解字》指出，"息"者，从自从心。自者，鼻也。古人认为，心气上凝于头部，而从鼻口缓缓地呼出，即为"大息"。从发声学角度来看，"叹"与"喟"同。

何晏说："喟，叹声"①，人类叹息时所发出的声音即为"喟"。

"叹"，古作"歎"或"嘆"。段玉裁认为，就字义而言，古文中的"歎"与"嘆"应该是分开的。②"歎"与喜乐为类，是人类的正面情绪发展到较高的水平时，所做出的自然反应。所以，东汉许慎将"歎"释作"吟"，指情有所悦之时，人类所进行的"吟叹而歌咏"。③《礼记·乐记》对这一情绪表达方式曾作过较为准确的定位：

> 说之，故言之；言之不足，故长言之；长言之不足，故嗟叹之；嗟叹之不足，故不知手之舞之，足之蹈之。

这就是说，当再多的言语也不足以表达内心的喜悦时，人们便会选择"歌咏而吟叹"的方式展示这一情感。当反复吟叹也不足以表现这一情感时，人们便通过"手舞足蹈"的方式来抒发内心的欢喜。可以看出，"歎"所代表的正面情绪，处在"长言"与"手舞足蹈"之间。它既可以表达出那种超越言语的发自内心的喜悦，同时又表示这一喜悦在理性范围之内，尚未达到"不知手之舞之足之蹈之"的地步。

"嘆"所代表的情绪与"歎"相反，是人的负面情绪积累到一定程度且无可奈何时，所做出的一种习惯性动作。许慎说："嘆，吞叹也"④，就是悲声吞叹的意思。《礼记·檀弓》对这一负面情绪作过定位：

> 愠斯戚，戚斯叹，叹斯辟，辟斯踊矣。

"戚，忧也"，是忧伤哀戚之义。"辟"为拊心捶胸。"踊"为向上跳跃。当拊心捶胸不足以表达内心的哀戚时，人们便会通过跃起顿地的方式发泄内心的忧伤。《礼记·檀弓》说："辟踊，哀之至也。""辟""踊"连用，指哀痛到极点时捶胸顿足的样子。由此可见，"嘆"所表达的负面

---

① （三国）何晏注，（宋）邢昺疏：《论语注疏》，中国致公出版社2016年版，第134页。
② （汉）许慎撰，（清）段玉裁注：《说文解字注》，凤凰出版社2007年版，第106页。
③ （汉）许慎撰，（清）段玉裁注：《说文解字注》，凤凰出版社2007年版，第721页。
④ （汉）许慎撰，（清）段玉裁注：《说文解字注》，凤凰出版社2007年版，第106页。

情绪正好处于"戚"与"辟踊"之间，它超越了一般言辞与容色所代表的哀愁，但尚未达到捶胸顿足的悲伤境地。

此外，根据陈复华等人的整理，"叹"还有"怨恨而叹气"之义。[①]如《三国志·蜀志》曾形容杨仪说，"怨愤形于声色，叹咤之音发于五内"，谓其不甘与蒋琬同居丞相参军长史之位，心里充满怨恨并不时地叹气。

综合上述分析，可以看出，"叹"的含义大可分为三类：从生物学角度而言，"叹"是一种长长地舒缓地从鼻口呼出气体的动作，并不带有特定的积极或消极的情绪，此类的常见词语包括感叹、惊叹等。从积极情绪的角度来说，人们会用"叹"这一动作表达理性范围之内，但又超越了一般言语所能描述的正面感情，如赞叹、叹咏、叹赏、叹诵等。从消极情绪的角度而言，介于哀伤与捶胸顿足之间的负面情感，也可以用"叹"的方式来表达，常见词语有悲叹、叹惜、伤叹、嗟叹等。

二 "孔子之叹"的含义

"孔子之叹"是指孔子一生中所作的叹辞。这些叹辞散见于《论语》《礼记》《孔子家语》等诸多著述，是研究孔子及先秦儒家思想的重要资料。

关于"孔子之叹"的含义，本书借鉴上文中"叹"字含义，将其相应地分为三类：

第一类是没有明确的正面或负面情绪的感叹。如子在川上曰："逝者如斯夫，不舍昼夜。"（《论语·子罕》）"逝者"一词，不论指时间，还是大道，感叹"岁月不居"或"大道流行"的孔子，都不会是特别积极或消极的情绪。此类叹辞的数量较少，仅存在于某些特定的情境之中。

第二类是具有明显的正面情绪的赞叹。如，孔子曾赞叹周朝礼仪说："周监于二代，郁郁乎文哉，吾从周。"（《论语·八佾》）此类叹辞的数量较多，主要存在于孔子对杰出人物或周朝礼乐的叹赏之中。

第三类是具有明显负面情感的嗟叹。如，伯牛染恶疾，孔子叹曰："亡之，命矣夫！斯人也而有斯疾也，斯人也而有斯疾也。"（《论语·雍

[①] 陈复华主编：《古代汉语词典》，商务印书馆1998年版，第1521页。

也》)此类叹辞也为数众多，主要出现在孔子对"大道难行""礼崩乐坏""君子早夭"等事情的惜叹之中。

第二节 "孔子之叹"产生的时代背景

时代是思想之母。任何新思想的产生与发展，都离不开特定的时代背景。在"轴心时代"灿若列星的先哲思想中，雅典民主政治的衰败与智者运动的勃兴，催生了苏格拉底"德性即知识"的伦理思想；古印度严苛的种姓制度与泛滥的沙门思潮，促成了乔达摩·悉达多"众生平等""六道轮回"的佛教思想；以色列先知们在被强邻四逼、流放掳囚的岁月中，受古代巴比伦文化的熏陶，整合民族内部史料，建立了以耶和华为唯一真神的犹太教思想。可以说，时代为新思想的诞生提供了丰厚的土壤，思想家通过对时代脉络的把握和对时代弊病的反思，创建了超越时代并对后世具有广泛影响的新思想。

"孔子之叹"及其所蕴含的先秦儒家思想也不例外。它们的产生与发展也有深厚的历史渊源和时代烙印。下文拟从春秋时期的经济状况、政治制度、礼乐文化与国际形势四个方面对孔子所生活的时代予以简单的回溯与分析。

一 春秋时期的经济状况

"经济是历史的重心。"要想充分理解"孔子之叹"所体现的思想内涵及其教育意蕴，有必要对春秋时代孕育孔子及先秦儒家思想的经济状况进行考察。

"农业的发明是文化的曙光，高等文化是随定居的生活而产生的。"[1] 2019 年，从河北邢台赵村的一处殷人聚居遗址中，考古学家们发现了若干粟、黍、豆、麦等农作物的炭化种子。[2] 在殷墟出土的甲骨文里，已有"禾、黍、麦、米、稷"等文字，并多次出现了祈求年丰与降雨的祷辞。

---

[1] 童书业：《春秋史》，上海古籍出版社 2019 年版，第 68 页。
[2] 王祁、史云征：《河北邢台赵村遗址出土商代植物遗存研究》，《华夏考古》2019 年第 1 期。

这说明殷商时期，人们已能种植多种农作物，其生活状态基本可以确定为定居。西周时期，农作物的品种进一步丰富。2014年，在山东济南唐冶遗址新发现的西周炭化植物的遗存中，除了粟、黍等传统作物外，还发现了大麻、小麦和水稻的炭化颗粒。《诗经》中也多次提到"黍、粟、稷、小麦、高粱、谷子"等农作物。如"彼黍离离，彼稷之苗"（《诗经·王风·黍离》），"九月筑场圃，十月纳禾稼"（《诗经·豳风·黍离》），"丘中有麦，彼留子国"（《诗经·王风·丘中有麻》），等等。可以说，西周时期已经形成了以粟黍为主、多种农作物并存的农业生产格局。① 挨至孔子所生活的年代，人们已经开始用"五谷"统称主要的粮食作物。如，《论语·微子》篇曰："四体不勤，五谷不分"。先儒一般认为，"五谷"即黍、稷、稻、麦、菽五种作物，也有因为地域差异而以"麻"代"稻"者，《诗经》《周礼》等文献以及各地相关的考古发掘皆可佐证。具体到某种粮食作物，《论语·雍也》记载了孔门弟子公西华出使齐国，"冉子为其母请粟"；原思担任孔子的家宰，孔子"与之粟九百"；齐景公赞叹孔子提出的治国之策，"善哉，信如君不君，臣不臣，父不父，子不子，虽有粟，吾岂得而食诸？"（《论语·颜渊》）凡此三例，可以看出，"粟"作为五谷之首，是春秋时期齐鲁两国缴纳赋税与发放俸禄的主要的粮食作物。又《管子·重令》曰："菽粟不足，末生不禁，民必有饥饿之色。"《墨子·尚贤》曰："菽粟多而民足乎食。"豆类与小米也是当时普通百姓的日用口粮。

除农业外，果蔬种植、桑蚕养殖、畜牧与狩猎等副业也得到了较快发展。如《墨子·天志》载："今有人于此，入人场园，取人之桃李瓜姜者。"《论语·子路》载："樊迟请学稼，子曰：'吾不如老农。'请学为圃，子曰：'吾不如老圃。'"可见，当此之时，种植瓜果蔬菜的"园""圃"与种植粮食的"田畴"业已迥然有别。又《诗经·魏风·十亩之间》："十亩之间兮，桑者闲闲兮"；《诗经·卫风·氓》："氓之蚩蚩，抱布贸丝"，"桑之未落，其叶沃若"；《诗经·鄘风·定之方中》："星言夙驾，说之桑田"等描绘了中原百姓植桑饲蚕的场景。人们割草养马，习以为常，"翘翘错薪，言

---

① 安静平、董文斌：《山东济南唐冶遗址（2014）西周时期炭化植物遗存研究》，《农业考古》2016年第6期。

刈其蒌。之子于归，言秣其驹"（《诗经·周南·汉广》），设置陷阱，长于狩猎，"肃肃兔罝，椓之丁丁"（《诗经·周南·兔罝》）。

农业的发展离不开农具的使用与改进。春秋时期，依托冶铁业的发展，铁农具广泛应用于农业生产。人们在"耒耜"的基础上发明了一种新型的改良农具——铁犁，并将之与牛耕相结合，极大地提高了农作物的种植效率，促进了生产力的发展。从孔门弟子冉耕，字伯牛，以及孔子借"犁牛之子"比喻另一名弟子冉雍来看，"铁犁牛耕"的技术在孔子时代已经得到了很大的推广。土地耕作的形式被称作"耦耕制"。据《论语·微子》记载，"长沮、桀溺耦而耕"。农民耕种遵循季节时令和一般程序：春天的时候通过牛犁或耦耕的方式翻土播种，夏天则用铲灭除杂草、杀灭害虫，等到秋天农作物成熟时用镰、铚等工具进行收割，然后将谷类去皮舂治，经过粗加工后加以收藏。实际上，农业发展并不意味农民生活安稳，根据《诗经·豳风·七月》的记载，农民要在一月修缮农具，二月下地春耕，三月动手采桑，四月采集蔓果，五月捕杀害虫，六月采集野葡萄，七月烹煮葵菜和豆类，八月打枣吃瓜，九月筑好打谷场，十月收获入谷仓，十一月为公家修筑宫室，十二月凿冰供其来年消暑。他们一年到头无休止地劳作，却常常缺衣少食。最好的猎物、牲畜要进献给公家，甚至漂亮姑娘外出也要提防被贵族公子看上而强行带走。可见，彼时农民的生活并不富足，也并不美好。

从土地分配上看，西周施行的是"井田制"。该制度上承自夏、商二代，根据时代需求进行了一定的损益，使之与彻法相结合。根据《孟子·滕文公》所载，"井田制"是将每一方里的土地（九百亩）设定为一个井田，以"井"字将之平均分为九份，中间一份为公田，收成归公室所有，其他八份为私田，所得属于个人。耕作时，农民需要先将公田的事务料理完毕，然后再处理私田的事务。对于王都及国都附近难以实施"井田制"的小块或不规则的土地，则统一施行"什一之税"的"彻法"，也就是这些土地由农民自行耕种，但需缴纳十分之一的收成作为税赋。有学者认为，西周土地并不真正属于农民，土地所有权的分配，是天子有所有权，诸侯、卿大夫、士等各级贵族有占有权和使用权。[①] 挨至春

---

① 梁启超：《先秦政治思想史》，中华书局2016年版，第76—77页。

秋时期，随着铁农具与牛耕技术的发展，大量私田被开垦出来，而针对私田的赋税要求尚未形成。为了增加财政收入，更好地实现税赋的管理，各国先后进行了土地分配制度及税收制度的改革。如齐国管仲根据土地之好坏"相地而衰征"，郑国子产"作沟洫"，晋国惠公"作爰田"，鲁国实施"初亩税"等，开始按耕地之多寡收税，都打破了"井田制"原有的公私界限，促进了井田制的瓦解和土地私有制的发展。

二 春秋时期的政治制度

政治制度是上层建筑的重要组成部分，不仅体现了社会关系的基本形态，而且对文化的形成与发展具有重大影响。

西周的政治制度主要体现为分封制与宗法制，二者互为表里，联系紧密。周朝初年，为了巩固新王朝的统治，防止殷商遗民的叛乱，周初统治者先后将同姓近亲和异姓功臣分封到各地。《左传·定公四年》曰："昔武王克商，成王定之，选建明德，以藩屏周。"《左传·僖公二十四年》曰："昔周公吊二叔之不咸，故封建亲戚以蕃屏周：管、蔡、郕、霍，鲁、卫、毛、聃，郜、庸、曹、滕，毕、原、酆、郇，文之昭也；邗、晋、应、韩，武之穆也；凡、蒋、邢、茅、胙、祭，周公之胤也。""文之昭"即周文王的儿子，周武王的兄弟；"武之穆"即周武王的儿子，周成王的兄弟；"周公之胤"即周公的后代。宗法制的核心是"嫡长子继承制"，由嫡夫人所生的长子继承周王的庙主、土地和政权，分封到各地的诸侯主要是嫡长子之外的嫡子和庶子，统称"别子"。《荀子·儒效》曰："立七十一国，其中姬姓独居五十三人。"这些姬姓别子可以封邦建国，获得大量的土地和政治权力。他们与其他异姓功臣一道在各自封国内建立宗庙、管理人民、征收税赋，并定期向周天子朝聘和缴纳贡赋。周朝对外作战或对内平乱时，他们带领各自国家的军队参战，其军队服从周天子的统一调遣。因此，姬姓别子封国的过程，实质上就是将别子从原宗系中分离出来，另立为宗的过程。在周朝的势力范围内，周天子及其所代表的王室是天下大宗，别子与异姓诸侯是小宗。小宗对大宗具有贡赋、朝聘、屏藩的义务，即所谓"宗周"。各诸侯国之内亦是如此。诸侯的庙主及政权也由嫡长子继承，"别子"则按照宗法关系从国君那里获封土地，被称作"卿大夫"，所封之地即为采邑。一国之内，国君为大宗，卿大夫为小宗。

小宗从自家采邑征收赋税，组织私徒，然后向国君缴纳贡赋，其私人军队也服从国君指挥。在家族采邑之内，卿大夫再把土地进一步分给大夫。卿大夫对于国君为小宗，对于大夫则为大宗，可以调动大夫的私人武装等参与战斗。大夫亦可根据宗法关系继续往下分封。《礼记·礼运》："天子有田以处其子孙，诸侯有国以处其子孙，大夫有采以处其子孙，是谓制度。"《左传·桓公二年》："天子建国，诸侯立家，卿置侧室，大夫有贰室。"总之，通过宗法制与分封制，西周的统治阶层将全体社会成员联结成一张大网，并根据其与周天子、诸侯、卿大夫等血缘关系的远近确定了尊卑秩序。

挨至春秋时期，宗法制与分封制虽然仍在沿用，但其统治力却逐渐减弱。从周天子与诸侯国的关系而言，由于周天子与各国诸侯之间血脉亲情日益淡化，并且随着一些诸侯国军事力量的增强，天下大宗对诸侯小宗的统治力和约束力越来越弱。如《左传·桓公五年》记载，周郑交恶，周桓王率诸侯讨伐郑国，只有蔡、卫、陈、虢四个小国响应。郑庄公领兵抵御，其下属祝聃射中了周桓王的肩膀，王师大败。此后，周王室再也没有能力组织大规模的战争。由此一隅，可以看出，春秋时期诸侯对周王室的藩屏作用近乎失效。周天子与诸侯的关系，由周初比较可靠的父子兄弟关系转化为邦国之间的利益关系，大小宗之间的上下关系已名存实亡。从诸侯国之间的关系来看，一些强大的邦国不断充实本国力量，蚕食周边的小国，以获得更多土地与特权。《韩非子·有度》曰："齐桓公并国三十，启地三千里"，"（秦穆公）兼国十二，开地千里"。清高士奇《左传纪事本末》曰："春秋灭国之最多者，莫楚若矣。"可见，春秋时期的兼并灭国战争并不鲜见。但整体而言，各国通过战争获得的土地依然无法满足国内分封的需要。随着诸侯、卿大夫、大夫等宗族的不断繁衍，越来越多的贵族后裔没有余地可封。他们不得不放弃封地建邑的传统，成为食君之禄的臣子，甚至家臣。周朝的分封制与宗法制的力量被进一步削弱。

三　春秋时期的礼乐文化

春秋时期的礼乐文化亦本于西周。武王伐纣后，于天下未大定之时而崩，其子成王尚且年幼，故周公不得不摄政践阼以辅翼成王。其后有管、蔡、武庚叛变，又有淮夷、徐戎作乱，周公当内外多事之际，为了周王朝的长治久安，于是制礼作乐。在礼乐的制作过程中，他参考了夏商两代的礼仪传统。《论语·八佾》说："周监于二代，郁郁乎文哉！"周代的礼乐之所以完备，正是因为它建立在夏、商两代礼仪的基础之上。另外，周公还根据现实需要对两代礼仪进行了改造。根据学者的考证，在夏、商两代的礼乐文化中，"巫""觋"扮演着十分重要的角色。他们不仅具有独特的"事鬼神"的法力，而且同时也是祭祀之礼的设计者和执行者，与礼乐之间是相互支持、互为表里的存在。周公的"制礼作乐"虽然沿袭了殷商"事神致福"的祭祀传统，但却更重视统治者的"德行"对天命及新王朝的影响。《左传·文公十八年》曰："先君周公制周礼曰：'则以观德，得以处事，事以度功，功以食民。'""则"为礼则。周公所制之礼乐，即是以"德"为核心所构建的新的人间秩序。礼乐初成，乃于洛邑之明堂演习新定之礼仪。《书古微·卷十》曰："周公制礼初成，恐公卿诸侯仪文未习，故先举行宗祀于明堂，演习其仪。"通过追溯感怀先王先公的功绩与德行，演习取得了良好的效果，于是周公请成王朝会各国诸侯，以进一步推广新朝之礼乐。《逸周书·明堂解》较为详尽地描绘了明堂朝会的盛仪："天子之位，负斧扆南面立；率公卿士，侍于左右；三公之位，中阶之前，北面东上；诸侯之位，阼阶之东，西面北上；诸伯之位，西阶之西，东面北上；诸子之位，门内之东，北面东上；诸男之位，门内之西，北面东上；九夷之国，东门之外，西面北上。八蛮之国，南门之外，北面东上；六戎之国，西门之外，东面南上；五狄之国，北门之外，南面东上；四塞九采之国，世告至者，应门之外，北面东上。"通过明堂之位的排列，周公用礼仪方式明确了诸侯公卿的高下尊卑，并借此机会向其演习新制之礼乐，以便他们回国后各自教化一方。很快，礼乐之教化在各国收到了显著的效果，一时天下大定，四海升平，诸侯"莫不依绅端冕，以奉祭祀者；其下莫不自悉以奉其上者，莫不自悉以奉其祭祀者"（《尚书大传·卷四》）。由是，周公所创制的礼乐文化，与上文之宗法制和封建制一道，共同为周王朝的长治久安发挥了统御诸侯、教养万民的作用。

进入春秋时期后，周礼对诸侯及士人的约束日趋式微，社会伦理亦随之失序，面临"礼崩乐坏"之局面。这一局面主要表现在三个方面：首先，由于诸侯国之间战争频发，原有的大小宗之间的尊卑关系受到了严重破坏。《史记·太史公自序》曰："《春秋》之中，弑君三十六，亡国五十二，诸侯奔走不得保其社稷者，不可胜数。"在春秋时期大规模的兼并和灭国战争中，"大量的世袭贵族因为战乱和贫困而'降为皂隶'，部分贵族则趁机抛弃西周的封建礼仪，以土地私有和商业经营为基础发展成为新兴的富贵阶层"[①]。其次，随着宗法关系的破坏与世袭地位的"坏崩"，原有的用以维持社会基本秩序的礼乐文化渐有土崩瓦解之势，各诸侯国僭越礼乐制度的现象屡见不鲜。如齐国管仲设立了只有天子和诸侯才能设置的塞门与反坫，"邦君树塞门，管氏亦树塞门；邦君为两君之好有反坫，管氏亦有反坫"（《论语·八佾》）。鲁国季孙氏在其家庙之上僭用只有天子宗庙才可享用的八佾之舞，"孔子谓季氏，八佾舞于庭，是可忍也，孰不可忍也"（《论语·八佾》）。最后，由于权力斗争的加剧和礼乐规范的缺失，诸侯国内部也出现了许多君臣互戮、兄弟阋墙、父子相残的惨剧，社会基本秩序受到破坏。据《左传》记载，鲁隐公四年（公元前719年），州吁带人偷袭了卫国国都，杀死了自己同父异母的兄长卫桓公，窃位为君。鲁隐公十一年（公元前712年），隐公的弟弟公子允在阴谋家羽父的蛊惑下杀死了自己的兄长，即位为君，是为鲁桓公。鲁哀公十四年（公元前481年），齐国的陈成子在舒州杀死了齐简公。鲁哀公十二年（公元前483年），蒯聩与卫君辄父子争国，阴谋掌控军权后，将自己的儿子辄驱逐出国。

可以看出，在孔子所生活的时代，周朝的礼乐文化虽然在社会上仍然具有一定的影响，但僭越礼乐、违反社会伦理的现象层出不穷。礼乐文化对诸侯与士人的普遍约束力已然丧失，社会秩序已经在即将崩溃的边缘。

四 春秋时期鲁国的国际与国内状况

鲁国是孔子的父母之国。他生于斯长于斯，对鲁国怀有极为深厚的感情。《孟子·万章下》说"（孔子）去鲁，曰：'迟迟吾行也'"，可见其对母国之留恋。春秋时的鲁国也为孔子的成长提供了较好的政治与人文环

[①] 于洪波:《由"君子""小人"到"中民""公民"》,《陕西师范大学学报》(哲学社会科学版) 2011年第3期。

境，对其教育和政治思想的形成，以及各项事业的展开都产生了重要影响。因此，在探析"孔子之叹"前，有必要对鲁国的国际与国内状况进行基本的阐述。

从国际环境来看，鲁国是周公后裔伯禽之封邑，是姬姓宗邦、诸侯望国，在西周时期拥有强大的政治与军事实力。但由于春秋初期霸权政治的兴起，郑、齐、晋、宋等国纷纷扩充军备，将两军改为三军，极大增强了军事实力。保守的鲁国直到鲁襄公十一年才开始进行军事改革，后又因季氏私心恢复了旧制，未能及时发展为军事强国。因此，在大国争霸的春秋时期，鲁国逐渐沦为了中小型国家，夹在齐国与晋国的夹缝间生存，依靠灵活的外交政策延续其相对安稳的统治。根据一些学者的描述，"春秋时期鲁国对大国的态度，不管是北面事齐，还是依晋扛齐，抑或联楚扛齐，完全以大国实力的变化为依据。哪国实力占上风，鲁国往往就依附哪国，并以此为基点处理复杂的外交关系"[①]。

孔子生于鲁襄公二十二年（公元前551年），中间经历了昭公、定公，于鲁哀公十六年（公元前479年）去世。在此期间，鲁国的外交政策从"依靠晋国抵御齐国"转向"背叛晋国亲近齐国"再转向"依靠吴国对抗齐国"。鲁襄公二十三年（公元前550年），鲁、晋、宋、卫、郑、齐等各路诸侯在重丘进行了会盟，齐国与晋国达成了共识，鲁国也因此进入了和平阶段。其后，或鲁国侵齐，或齐师伐鲁，都因为各种各样的原因而未酿成惨绝人寰的大战。稽诸史册，这一时期重要的国际事件主要有重丘会盟、夹谷之会、艾陵之战。鲁国在这一阶段虽已沦为二流国家，但折冲于齐、晋、吴等大国之间，保持了相对的独立性，为国内的思想争鸣与学术发展提供了相对和平的环境。

从鲁国内部环境来看，在经济方面，春秋时期是私田不断扩大和国家税收减少的时代，鲁国率先进行了较为先进的赋税制改革。鲁宣公时期开始实行"初税亩"，后又进行了几次不同程度的改进。在《论语·颜渊》中，鲁哀公问有若："年岁不好，国用不充足，该如何是好？"有若回答："何不实施周朝的彻法征收十分之一的税呢？"哀公说："十分之二尚且不

[①] 韩同飞：《春秋时期鲁国外交研究》，吉林大学硕士学位论文，2006年，第31页。

够，何况十分之一呢。"① 可见，鲁国此时已是一亩农田征收两分赋税。西周时期仅针对公田的赋税制度不再适用，私田也被纳入依制度收税的体系。无论这一做法是否有益于减轻农民的经济负担，它都有效加速了"井田制"的瓦解，间接赋予了私田合法的地位，为鲁国土地制度转为封建化提供了有利条件。

在政治军事方面，自宣公开始，鲁国的军政大权便一直把控在以季孙氏为首的三家大夫手中，国君的权力则被架空，成为三家大夫操纵下的傀儡。由于三家大夫孟孙氏、叔孙氏与季孙氏均出自鲁桓公，他们又被称为"三桓"。鲁国的国内斗争主要在鲁君、"三桓"与家臣之间展开。如鲁昭公二十五年（公元前517年），鲁昭公联合臧孙氏与郈昭伯讨伐季孙氏，在孟孙氏与叔孙氏的干预下失败。鲁定公五年（公元前505年），季氏家臣阳虎反叛，曾一度囚禁了季氏家主季桓子，代替其执掌鲁政长达三年。公元前498年，孔子带领公室军队执行"堕三都"计划，先后堕毁了季孙氏的采邑费、叔孙氏的采邑郈，在堕除孟孙氏的采邑成时遇到公敛处父的据守抵抗，堕成计划被迫破产。可以看出，在孔子生活的时代，"三桓"一直是处于鲁国政治核心的位置，虽然他们彼此之间，以及与鲁君、家臣之间时或存在一些明争暗斗，但这些斗争都未能严重威胁到他们长期的执政地位。"三桓"长期控制着鲁国的征赋权，具有庞大的私家军队，爪牙党羽遍布各地，形成了鲁国"政出三桓"的政治样态。

在礼乐文化方面，春秋时期虽面临"礼崩乐坏"的社会失序局面，但鲁国因是周公后裔之封国，具有祭祀周公以天子之礼的特权，所以素来有重视礼乐的传承，礼乐仪式得以保存完备。据《左传·襄公二十九年》记载，吴国公子季札来鲁国访问，观看了乐工演奏的《周南》《召南》《邶风》《卫风》等乐舞后，叹为观止。三年后，晋平公使韩宣子来聘，在太史氏处观看了《易象》与《鲁春秋》说："周礼尽在鲁矣。吾今乃知周公之德，与周所以王也。"这种重视礼乐的环境为孔子的成长提供了良好的文化氛围。《史记·孔子世家》曰："孔子为儿嬉戏，常陈俎豆，设礼容"，他从小就对礼乐文化表现出浓厚的兴趣。但仪式的完备并不代表精神的长存，鲁国礼乐的坏崩更多地表现为统治阶层对礼仪的摒弃或僭

---

① 钱穆：《论语新解》，九州出版社2011年版，第291页。

越。如在《论语·八佾》中,"三家以《雍》彻"。《雍》为周天子举行祭祀后撤馔所唱之诗,其中有"相维辟公,天子穆穆"之语,意为举行祭礼之时,诸侯都来助祭,天子仪态穆穆至美且敬。以三家大夫的身份在自家庙堂用此天子之礼,显然违反了礼制,故孔子非之曰:"奚取于三家之堂。"由此一端,可以看出,鲁国彼时的社会状况是:统治阶层具有较为完备的礼乐仪式,但礼乐之内涵常被忽略,大夫之间僭越礼制的现象时有发生。

第 二 章

为学之叹及其教育价值

自古以来，学者通常将儒家思想归结为"内圣"与"外王"两个向度。其中，"内圣"指向个人修养。传统儒家认为，理想人格的培养与至诚德性的开发，离不开君子日常生活中的勤学与省思，《礼记·中庸》云："君子尊德性而道问学。""外王"是就社会治理而言。先秦儒家指出，身居上位的君子，若要提高治国理政、教化百姓的能力，也应通过勤学和实践才能实现，《论语·子张》曰："学而优则仕。"可以说，儒家的"内圣"和"外王"之道，都需要通过"学"来传承与弘扬，学而识之、学而不厌、学思结合、下学上达、学以致用，然后才能培育出兼具理想人格与经世致用的君子。于此而言，"内圣外王"又可归结为"明道救世"，与西哲柏拉图所谓的"哲学王"（philosopher-king）具有异曲同工之妙。因此，《论语》开篇首标一"学"字，李二曲释曰："由是愚以之明，塞以之通，不肖以之贤，犹鱼之与水，无一时一刻而可以离焉者也。"[①] 可见，"为学"实乃儒家进德修业之第一要事。

第一节　为学志向之叹

为学始于立志。古人云："人之有志，如树之有根。"一个人只有立定了为学的志向，才能确定人生的目标与方向，然后为学日益，学而不厌，进而学有所成。可以说，为学者志向的远大与否，不仅关系到个人的道德修养、胸怀格局和事业成就，也会对社会的发展、国家的未来乃至民

---

① （清）李颙：《二曲集》，中华书局1996年版，第426页。

族的振兴具有重大影响。孔子说："君子喻于义，小人喻于利。"(《论语·里仁》)陆九渊注："志于义，则所习者必在于义；所习在义，斯喻于义也。志于利，则所习者必在于利，所习在利，斯喻于利也。"这就是说，君子与小人的区别始于立志：君子立志于公义，每日深潜涵泳不离乎公义，所以终究能通晓公义；小人立志于私利，每日蝇营狗苟不离于私利，所以终究会为了私利而无所不为。所以，立志不可以不慎重，为学必先辨乎志向。那么，在《论语》的记述中，孔子推崇什么样的志向呢？这些志向的内涵又是什么呢？

一 "志于道"的为学志向

"道"是孔子所认可的为学志向。

子曰："朝闻道，夕死可矣。"(《论语·里仁》)

在孔子看来，"道"的重要性超越了生死。一个人若能在早上听闻大道，即使傍晚死了，也没有什么遗憾了。这一重要性大概与"道"的特征有关。《中庸》曰："道也者，不可须臾离也，可离非道也。"纵观孔子的一生，他在人伦日用之间、颠沛流离之时，所学、所教、所言、所行的一切事，就其根本处而言无非是"道"。可以说，"道"是他终日乾乾的奋斗目标，也是他诚之明之的道德之源，更是他须臾不离的行为标准。清代康有为在《长兴学记》中将"志于道，居于德，依于仁，游于艺"作为教书授徒的总纲领，认为学生只有"志于道"，才能真正确立起"经营天下"的大志。那么，所志之"道"又有哪些含义呢？依照历代大儒的阐释，"道"大致有以下三层含义：

第一，从本源意义上看，"道"源出于天。子贡说："夫子之言性与天道，不可得而闻也。"(《论语·公冶长》)朱熹注："性者，人所受之天理；天道者，天理自然之本体，其实一理也。"[1] 在这里，"人所受之天理"也就是"人道"。在朱熹看来，"人道"与"天道"其实是一理，也就是说，"人道"的价值之源正是"天"。又《礼记·中庸》曰："天命

---

[1] (宋)朱熹：《四书章句集注》，上海古籍出版社2006年版，第100页。

之谓性，率性之谓道。"这里的"道"就是指"人道"。子思认为，"人道"意义生成的过程，就是由天到命，由命到性，再由性到道的过程。朱熹《中庸章句》曰："天以阴阳五行化生万物，气以成形，而理亦赋焉，犹命令也。于是人物之生，因各得其所赋之理，以为健顺五常之德，所谓性也。"又曰："人物各循其性之自然，则其日用食物之间，莫不各有当行之路，是则所谓道也。"由此，"道"既囊括了宇宙万物运行的自然法则，也包含了人类社会所应遵循的礼仪规范。人所当行之道，正是效法天道而来，正如《左传·文公十五年》所说："礼以顺天，天之道也。"所以，人道与天道是一不是二，此为道之大者。

第二，从人与禽兽的区别来说，"道"是"为人之道"。子曰："朝闻道，夕死可矣。"（《论语·里仁》）竹添光鸿释之曰："人未闻其为人之道，则其违禽兽不远，大辜负于为人之义，是未可死者；苟既闻矣，则知其贵于禽兽者，而无辜负于为人之义，是所以可死。"[①] 在竹添看来，明道与否是人与动物的根本区别。如果人一生不闻道，那么即使他长生久视，也不能了解人生的价值与意义，因此终其一生也只是如禽兽一般活着罢了。又《孟子·滕文公上》说："饱食、暖衣、逸居而无教，则近于禽兽。圣人有忧之，使契为司徒，教以人伦：父子有亲，君臣有义，夫妇有别，长幼有序，朋友有信。"换言之，人之所以异于禽兽，是因为人在日用常行之中具有规范自身行为和言语的伦常之道。由此，"为人之道"也就是和谐家庭和社会关系的五伦之道。

第三，从核心内容而言，"道"就是"仁道"。李炳南指出："人在世间，须知为仁之道方能立己立人。苟无仁道，则必害人害己。仁道学之难，闻之亦难，纵然朝闻夕死，亦不虚此一生。"[②] 历代儒者通常将孔子的道德哲学阐释为以"仁"为核心的道德哲学。人所共由的"道"，即是这种立己立人、成己成人的"仁道"。它以"爱人"为基本精神，在"忠""恕"原则的帮助下，成就自己，成全他人。由此，"道"的核心内涵就是提升道德修养、和谐人际关系的"仁道"。

综上可知，孔子所推崇的"道"，主要指人道。它源出于天，是人与

---

① ［日］竹添光鸿：《论语会笺》，凤凰出版社2012年版，第248页。
② 李炳南：《论语讲要》，长江文艺出版社2011年版，第66页。

禽兽的根本区别。就其核心内容而言,"道"就是"仁道"。

二 "志于仁"的为学志向

既然孔子推崇的"道"以"仁"为核心,那么这是否意味着"志于道"就是"志于仁"呢?我们试看下面两句叹辞:

> 子曰:"苟志于仁矣,无恶也!"(《论语·里仁》)
> 子曰:"有能一日用其力于仁矣乎,我未见力不足者。盖有之矣,我未之见也!"(《论语·里仁》)

"苟"是"诚"的意思。在孔子看来,如果一个人果真能立志于仁道的修学,存心于仁德的修养,那么他终究不会成为恶言、恶行的人。既然人人皆可以立志于仁,那么如果在学仁方面能够持久用功,最终会养成良好的德行。而学仁、行仁关键在心。一日用力于仁,便有一日之功。所以,孔子认为,一个人只存在是否愿意花一日光阴用力于仁的问题,不存在力不足的情况。或者也有力不足的情况,但"我"从未见过。

在《论语》中,"仁"字共109见,多数为弟子问"仁"、孔子答"仁"及师徒论"仁"的语录。可以说,"志仁""学仁""行仁"乃孔门修学的重大课题。下文主要从"仁"的定义、"仁"与"礼"的关系、"仁"与"德"的关系三方面,对"仁"的内涵展开论述。

第一,从字源而言,"人"是象形字,象臂胫之形。"仁"者,人旁着二,谓相人耦之人。段玉裁按:"人耦犹言尔我,亲密之词。独则无耦,耦则相亲,故其字从人二。"① 《礼记·中庸》曰:"仁者,人也,亲亲为大。"孔颖达疏:"仁谓仁爱,相亲偶也。言行仁之法在于亲偶。欲亲偶疏人,先亲己亲,然后比亲及疏,故云'亲亲为大'。"② 《孟子·尽心下》曰:"仁也者,人也。合而言之,道也。"朱熹《四书章句集注》曰:"仁者,人之所以为人之理也。"③ 又曰:"当理而无私心,则

---

① (汉)许慎撰,(清)段玉裁注:《说文解字注》,凤凰出版社2007年版,第640页。
② 丁联、曾振宇:《大学中庸新注》,人民出版社2015年版,第100页。
③ 曾振宇:《孟子新注》,人民出版社2012年版,第235页。

仁矣。"① 这就是说，"仁"是人与人之间相亲爱之意，乃人之为人的根本。仁者爱人，以爱己之心为准绳，先爱己之所亲，推己及人，终有利益他人、兼济天下的公心。所以，孔子说："夫仁者，己欲立而立人，己欲达而达人。"（《论语·雍也》）

第二，就"仁"与"礼"的关系而言，孔子曾说："人而不仁，如礼何？人而不仁，如乐何？"（《论语·八佾》）意思是："仁"是"礼"和"乐"的根本。若失去了"仁"的内核，那么所有的"礼""乐"都将沦落为没有价值的形式。朱熹认为，"礼"与"仁"是一体两面的关系，"只是仁在内，为人欲所蔽，如一重膜遮了。克去己私，复礼乃见仁。仁、礼非是二物"②。钱穆认为，"仁"为"礼"之本，"礼有其内心焉，礼之内心即仁"③。"仁"是"礼"亘古不变的本质，"礼"是"仁"因时而变的形式。若失去了仁爱之心，再庄严的礼仪也没有意义。若失去了礼仪形式，再高尚的仁爱之心也很难通过某种方式合理地表达出来。因此，"仁"与"礼"是内与外、本与末，相互依赖、相辅相成的关系。

第三，就"仁"与"德"的关系而言，"仁"是个人德性之首，具有统摄诸德的作用。据《论语·阳货》所载："子张问仁于孔子。孔子曰：'能行五者于天下为仁矣'。'请问之。'曰：'恭、宽、信、敏、惠……'"在孔子看来，恭敬、宽厚、守信、办事敏捷、给人恩惠这五项德性，均可统归于"仁"的理念之下。又原宪问孔子："克、伐、怨、欲不行焉，可以为仁矣？"孔子回答说："可以为难矣，仁则吾不知也。"（《论语·宪问》）程颐解释说："人而无克、伐、怨、欲，唯仁者能之。有之而能制其情，使不行，斯亦难能也，谓之仁则未也。"④ 这意味着，仁者必然不好胜、不自夸、不怨恨、不贪欲，但仅具备这些德性却未必称得上仁者。甚至"三达德"的"智"与"勇"，也可以统摄在"仁"的概念之下。《论语·宪问》曰："仁者必有勇，勇者不必有仁"。仁者做道

---

① （宋）朱熹：《四书章句集注》，中华书局 2012 年版，第 80 页。
② （宋）黎靖德编：《朱子语类》卷四十一《论语二十三》，中华书局 1986 年版，第 1043 页。
③ 钱穆：《论语新解》，生活·读书·新知三联书店 2018 年版，第 275 页。
④ （宋）朱熹：《四书章句集注》，上海古籍出版社 2006 年版，第 193 页。

德之事时必然勇为，有勇才能成事，所谓"当仁不让于师"。《论语会笺》曰："不让犹言不后，状勇往之心耳。"① 同时，仁者也兼具"智"的道德品性。《论语·雍也》曰："宰我问曰：'仁者虽告之曰，井有仁焉，其从之也？'子曰：'何为其然也。君子可逝也，不可陷也。可欺也，不可罔也。'"仁者虽然会被"井里有人"之类的谎言骗到井边，却不会使自身陷入井中为小人所害。正如清朝刘宝楠所说："盖可欺者，仁也。不可罔者，知也。"② 显然，"智"也是"仁者"必备的一个面相。由此可见，"仁"是诸德的总和，是"心德之全"。

综上可言，"仁"的内涵可概括为人与人之间的相亲相爱，它外在的表现为礼，是各种德性的总和。具有如斯内涵的仁者，一般具备爱亲人、爱他人乃至爱万物的公心。

总之，孔子所提倡的为学志向基本可以归纳为"志于道"和"志于仁"，两者在论述上虽各有偏重，但就整体而言，它们是同一事物在不同情况下所表现出的不同面相。正如刘沅所说："天之理，而人得之以为性，实有曰诚，共由曰道，以其为生生之本曰仁，全之则为圣人，失之则为禽兽。"③ 立定学"道"或学"仁"的志向，就是以古圣先贤为榜样，内以修身明明德，外则安人、安百姓，乃至于培育人才、陶成天下的过程。

第二节 为学典范之叹

为学志向确定后，尚需寻找为学的典范，以为道德事业之旨归。这类典范，既包括在现实生活中对"道"或"仁"具有独到见解的长者或益友，也包括各种文献所记载的具有嘉言懿行的古圣先贤。从史料来看，孔子的为学之路，就是一条以古圣先贤为榜样，遍访明师、求教长者的求学之路。

---

① ［日］竹添光鸿：《论语会笺》，凤凰出版社2012年版，第1034页。
② （清）刘宝楠：《论语正义》，中华书局1990年版，第243页。
③ （清）刘沅：《槐轩全书·大学古本质言》，巴蜀书社2006年版，第3290页。

一 "尧、舜、禹"上古之典范

尧、舜、禹是中国上古时期的圣王，具备孔子所推崇的理想人格。诸多文献记载了孔子对三王的崇敬与叹赏。

《论语·泰伯》篇记载了孔子对帝尧的赞叹：

> 大哉，尧之为君也！巍巍乎，唯天为大，唯尧则之！荡荡乎，民无能名焉！巍巍乎，其有成功也！焕乎，其有文章！

在这段话中，孔子先用"大哉"之辞从总体上赞叹了帝尧为君的状况。具体而言，帝尧在德行上效法了天，将天道的崇高与广大修于己身，从而成就了老百姓极尽所有言语都无法赞美的盛德。孔子认为，这种盛德在某种程度上可以诠释为"仁"。在《孔子家语·五帝德》中，他形容帝尧说："其仁如天，其智如神，就之如日，望之如云。"意思是：帝尧对待百姓，就好像上天仁爱万物一样。百姓靠近他，就会感到太阳一般的温暖；看到他，就会觉得像云朵一样的柔和。在为政方面，帝尧十分注重人才的选拔与任用。他生活在天下还未安定的时代。洪水泛滥，禽兽逼人。他将舜选拔出来总理政务，命令伯夷掌管礼仪，夔、龙掌管舞乐。舜又任用伯益掌管火政，烧掉草木，赶走野兽，为百姓提供栖居之所；任用大禹掌管治水，疏通九河，平息洪水，为百姓提供耕种之处。四方百姓没有不信服他、爱戴他的。他所取得的功业巍巍崇高，他所制作的礼乐光明焕然。

帝舜受帝尧禅让而有天下。《论语》中也记载了孔子对帝舜的赞叹。

> 子曰："巍巍乎！舜禹之有天下也，而不与焉。"（《论语·泰伯》）
>
> 子曰："无为而治者，其舜也与？夫何为哉，恭己正南面而已矣！"（《论语·卫灵公》）

"巍巍"是高大的意思。帝舜受帝尧禅让而有天下。他的君位不是求来的，纯是因为他的道德与事功。在道德上，即使面对"顽父、嚣母、傲弟"的多次陷害，舜也能"顺事父母"而不失孝道，"爱弟弥谨"而不失友道。《孔子家语·五帝德》称之曰："孝友闻于四方，陶渔事亲，宽裕而温良。"由此，他才获得了成为帝尧继承人的机会。在政治上，舜推行"无为而治"的治国方略。他一方面"为政以德"，提高自身的道德修养，通过上行下效，带动社会道德水平的发展，如"舜耕历山，历山之人皆让畔；渔雷泽，雷泽上人皆让居；陶河滨，河滨器皆不苦窳"（《史记·五帝本纪》）。另一方面，他任贤使能，通过任用贤能之士，使国家的各项事务都能得到及时、妥善的处理，而不必事事亲为、劳心劳力，如"舜有臣五人，而天下治"（《论语·泰伯》）。帝舜之所以能成就如是"巍巍"的道德与事功，孔子认为，这是因为他具有"中庸之道"的智慧。《礼记·中庸》曰："舜其大知也与！舜好问而好察迩言，隐恶而扬善，执其两端，用其中于民。其斯以为舜乎！"就是说，舜善于向他人学习，也擅长分析浅近语言中所蕴含的深刻哲理。在各类事务的处理过程中，他低调处理那些对大众有不良影响的恶人、恶事，却使好人、好事彰显出来鼓励他人效仿。此外，他还能权衡过与不及的两端，如智与愚、贤者与不肖者等。通过中庸的方法来治理天下，这是舜能够成为帝舜的根本原因。

帝禹是帝舜的继承者，孔子对他也不乏赞叹之言。

> 子曰："禹，吾无间然矣！菲饮食而致孝乎鬼神，恶衣服而致美乎黻冕，卑宫室而尽力乎沟洫。禹，吾无间然矣！"（《论语·泰伯》）

帝禹的继位方式与帝舜相同，也是由上任圣王禅让而来。孔子欣赏他们对待天子之位的态度：虽然身居显位，富有天下，但却不以居位为乐，好像这个位子和自己无关似的。帝禹是一位将百姓利益看得远高于自身利益的圣王。他自己穿的衣服、吃的食物可以是粗衣粝食，但为百姓祈福时所用的祭品、祭服，却一定要丰盛、华美。他自己居住的宫室可以卑狭简陋，但造福百姓的水利事业却必得真材实料、尽心尽力。对此，孔子也佩服地说："禹，吾无间然矣。"对于禹的所作所为，"我"没有什么可挑剔的了。《孔子家语·五帝德》也曾形容帝禹的德性，"敏给克齐，其德不爽，其仁可亲，其言可信"；描述他的事功，"其功为百神之主，其惠为民父母，左准绳，右规矩，履四时，据四海，任皋繇、伯益以赞其治，兴六师以征不序，四极之民，莫敢不服"。孟子也曾形容他说："禹恶旨酒而好善言"，"禹思天下有溺者，由己溺之也"（《孟子·离娄》下）。可见，帝禹确实是一位生活简朴、爱民如子的千古圣王。

综上而言，三位圣王之所以受到孔子的赞赏，成为后世儒者为学的典范，主要出于以下三个原因：第一，他们本身就具有崇高的道德，如帝尧的德性可以与天齐平，"唯天为大，唯尧则之"（《论语·泰伯》）；帝舜以孝闻名，成就大德，"舜其大孝也与！德为圣人，尊为天子，富有四海之内"（《礼记·中庸》）。帝禹薄于己而厚于民，以百姓心为心，"菲饮食而致孝乎鬼神，恶衣服而致美乎黻冕，卑宫室而尽力乎沟洫"；他们都具备"仁者爱人"的圣人之德。第二，他们都通过"修己以安百姓"的教化路径，使自身的美好德性得以推展，百姓受到感化，进而形成了良风美俗，所谓"尧、舜率天下以仁，而民从之"（《礼记·大学》），"禹立三年，百姓以仁遂焉"（《礼记·缁衣》）。第三，他们都在治国理政的过程中取得了举世瞩目的成就。这些成就的获得，一方面得益于他们自身的勤政爱民，如帝尧事功巍巍，能赏均刑法以义终；帝舜无为而治，勤于众事而野死；帝禹致力乎沟洫，三过家门而不入。另一方面则得益于他们的任贤使能，如帝尧任用了舜、伯夷、夔等，帝舜任用了禹、契、皋陶、伯益等，帝禹任用了益、后稷等。贤才的任用，使他们从具体的治国事务中解脱出来，更能从宏观角度为天下百姓谋福利，因此成就了他们巍巍的事功。

二 "文、武、周公"周朝之典范

周朝的奠基者周文王、周武王和周公旦，也是孔子心目中受命于天、推行王道政治的圣人。他们也多次受到孔子的推崇和赞叹。

《论语·泰伯》曰：

> 三分天下而有其二，以服事殷，周之德，其可谓至德也已矣！

此章赞文王之德。文王是西周的开创者，武王与周公的父亲。在位期间，他实行德政，任用贤臣，使西岐境内社会秩序良好、百姓安居乐业，呈现出一派祥和的太平景象。商朝末年，纣王暴虐，残害百姓，文王为西伯侯，能施德政，天下多有叛商而归周者。"三分天下而有其二，以服事殷"，是说周文王占有天下三分之二的土地和人民，仍能率众服事殷商，这说明文王的志向是利益百姓，而不是夺取天下，故孔子称之为"至德"。《史记·周本纪》还记载了虞芮让田的事件。虞、芮两国为了争夺边境的田地而连年争讼。听说文王是一位断狱公正的仁者，于是两国君主到西岐请其评判。入境后，他们发现，田野的农民在耕种时会彼此让田，路上的行人在行走时会相互让路；城邑里，男女分道而行，看不见负重的老人；朝堂上，士升任为大夫时相互谦让，大夫升任为卿时也相互谦让。二君自惭形秽，于是退而息其争，将所争之田用作闲田。可见，文王的治国之道是将自己的谦让之德，由己身推展到朝堂，由朝堂推展到城邑，由城邑推展到乡野，使卿、大夫、士、国人、庶民皆受其感化，进而形成"不令而从，不教而听"的良好社会秩序和社会风气。

在《礼记·中庸》中，孔子又从另一角度赞叹了文王。子曰："无忧者，其惟文王乎！以王季为父，以武王为子，父作之，子述之。"孔颖达注："文王以王季为父，则王季能制礼作乐，文王奉而行之。文王以武王为子，武王又能述成文王之道，故'无忧'也。"[①] 换言之，文王之所以"无忧"，在于他不需要忧虑"道"。他的父亲王季制礼作乐，发挥"道"的大用，他继承过来无需担忧"道"的由来。他的儿子武王能继承他的事业，发挥"道"的功用，他传递下去无须担忧"道"的传承。他以"道"修身则身修，以"道"治家则家和，以"道"治国则国治，无需担忧"道"的推展。由此，《孔子家语·致思》也称赞文王曰："王者有似乎春秋。文王以王季为父，以太任为母，以太姒为妃，以武王、周公为子，以太颠、闳夭为臣，其本美也。"

周武王是文王之子，周公之兄，是伐纣灭商的主要领导。后世儒者常将武王与文王并列，将他们的治国之道称作"文武之道"，将其治国方略称作"文武之政"，将其道德成就称作"文武之德"。《论语》中没有直接出现孔子赞叹武王的言辞，唯《泰伯》篇"有妇人焉，九人而已"，疑似赞叹武王治理下的人才济济。稽诸《孟子》《荀子》《礼记》等典籍，

---

① 丁联、曾振宇：《大学中庸新注》，人民出版社2015年版，第90页。

我们发现，孔子赞叹武王之处主要有两个方面：

一是赞叹武王伐纣的事功。

> 武王缵大王、王季、文王之绪，壹戎衣而有天下！身不失天下之显名，尊为天子，富有四海之内。宗庙飨之，子孙保之。（《礼记·中庸》）

周武王继承了古公亶父、王季和文王的事业，带领西周和诸侯的军队，通过革命斗争推翻了商纣王的统治，建立了周朝。这个过程虽然是通过武力达成的，但武王用兵的目的是吊民伐罪，他的军队由此被称为"仁义之师"。这场革命不仅没有造成百姓的流离失所，反而解了他们的倒悬之苦，孟子称赞武王说："一怒而安天下之民。"（《孟子·梁惠王》下）。这种"征暴诛悍"的革命受到了百姓和诸侯的支持，所以很容易就取得了成功，"壹戎衣而有天下"。武王伐纣是正义的战争，这场战争不仅无损于他圣人的德性，反而成就了他安境保民的功德。所以，武王被尊为天子，天下所有的土地和人民都在他的护佑之下。他的历代祖先能享受后世子孙的祭祀，后世子孙也能一直保有这一祭祀。

二是赞叹武王"达孝"的德行。

> 子曰："武王、周公，其达孝矣乎！夫孝者，善继人之志，善述人之事者也。"（《礼记·中庸》）

据《礼记·文王世子》记载，武王是一位恭敬长辈、孝顺父母的世子。文王生病时，他不分昼夜地侍候在旁。文王吃不下饭，他也不肯吃饭。文王吃得少，他也吃得少。直到文王病愈，他才放心下来处理其他事务。除了饮食的奉养与态度的恭敬，武王的"孝"还表现在他对文王德性、志向和事业的继承上。如前所述，文王是一位仁政爱民的圣王。他年老后最看重的事情，显然不是一般老百姓所期待的"老有所养""子孙满堂"，而是自己的德性、治国之道和救民于水火的志业能否得到继承。武王满足了文王所有的期待。他具有美好的德行，勤于做道德反省，"百姓有过，在予一人"（《论语·尧曰》）。他继承了文王的事业，为了黎民百姓，带领大军推翻了纣王的统治，"壹戎衣而有天下"。所以，他的"孝"是"继人之志""述人之事"的"达孝"，是将先人志业发扬光大的孝。

周公是文王之子、武王之弟，是孔子一生中最敬服的人。《荀子》与《礼记》记载了孔子对周公的赞叹。

> 孔子曰："周公其盛乎！身贵而愈恭，家富而愈俭，胜敌而愈戒。"（《荀子·儒效》）
>
> 武王末受命，周公成文、武之德，追王大王、王季，上祀先公以天子之礼。（《礼记·中庸》）

第一段话是孔子对周公谦德的赞美。周公贵为文王之子、武王之弟、成王之叔父，却"一沐三握发，一饭三吐哺"，唯恐失掉天下士人的心。在《韩诗外传》中，他曾告诫儿子伯禽说："德行宽厚，懂得恭敬他人的人，才能常享荣耀。土地广袤，却能力行节约的人，才能生活安定。位高禄厚，仍然待人谦卑的人，才能常保富贵。军队强大，却又心存敬畏的人，才能逢战必胜。聪明睿智，同时知己不足的人，才真正富有哲思。博闻强识，却又知己浅陋的人，才真正富有智慧。"只有保持这样的谦德，才能将天下治理得有条不紊，得到天下后不会失去天下。所以，身居高位更应该恭敬他人，家庭富有更应该勤俭节约，战胜敌人更应该戒骄戒躁，这都是谦德的不同面相。

第二段话是孔子对周公事功的赞叹。武王伐纣成功后，不久就去世了。其时，成王年幼，天下尚未大定。周公不得已而摄行政事，践阼而治，以震慑天下之不臣。他先平定了武庚、管叔鲜、蔡叔度和霍叔处的叛乱，又消灭了犯上作乱的淮夷与徐戎。为了使天下长治久安，周公花了三年时间，详细考察了夏、殷两代的礼仪，然后根据天下人心，制作了礼乐，并演习于明堂，使天下诸侯咸能知之。其中，祭礼与葬礼是礼乐的核心。前者历叙先王先公的功烈德泽，以示返本报始；后者则通过丧葬的仪式，彰显父母恩德，寄托子孙的哀思。通过制礼作乐，周公建立了一套从天子至于庶民的社会秩序，有效解决了当时社会存在的诸多争端，于是"天下大服，万国各致其方贿"（《逸周书·明堂解》）。据《孔子家语》所载，孔子访学周都时，曾亲自到过周公行王者之政的"明堂"。看到了四门墙上所留存的尧、舜、桀、纣之象，周公相成王之图及国家兴亡的话语，于是他不无感慨地对从者说："这正是周公能使周朝兴盛的原因呐！"也就是说，在孔子看来，周朝所以能长期兴盛，与周公的以史为鉴和制礼作乐息息相关。

正因为周公具有如是之谦德，且制礼作乐，对天下教化做出了巨大贡献，所以孔子一生以周公为榜样，积极寻找救世的契机。

三 "子产、晏婴、蘧伯玉"时代之典范

除了古圣先贤，孔子也十分敬重当时的贤者。据司马迁的考察，"孔子之所严事：于周则老子，于卫蘧伯玉，于齐晏平仲，于楚老莱子，于郑子产，于鲁孟公绰；数称臧平仲、柳下惠、铜鞮伯华、介山子然贤；孔子皆后之，不并世"（《史记·孔子世家》）。可见，彼时的贤者，也是儒者为学的典范。

子产，即郑国大夫公孙侨。他是春秋时的良相，曾执掌郑国国政二十余年。孔子对其颇有称赞：

或问子产。子曰："惠人也！"（《论语·宪问》）
子谓子产："有君子之道四焉。其行己也恭，其事上也敬，其养民也惠，其使民也义。"（《论语·公冶长》）

孔子称赞子产是"惠人"，也就是惠爱人民的人，这主要与他的事功有关。在执政期间，他对内推行了全面而深刻的改革，"使都鄙有章，上下有服，田有封洫，庐井有伍"[①]，这些措施让国家和人民都得到了长远的利益。对外则运用灵活的外交手段，周旋于晋、楚两大国之间，如通过"毁晋国之墙垣""命韩宣子舍商人之玉"等，维护了国家的尊严和利益，使郑国出现了政通人和的中兴局面。及子产病卒，"士大夫哭之于朝，商贾哭之于市，农夫哭之于野，哭子产者皆如丧父母"（《韩诗外传·卷三》）。

孔子认为，子产有四种德行合乎君子之道：他待人谦恭有礼，事奉君

[①] 李梦生：《左传译注》，上海古籍出版社2016年版，第1069页。

上恪尽职守，为政能以恩惠养民，使民能不违农时。《论语稽》指出，待人谦恭有礼，事君恪尽职守，这是谦谦君子的风范；为政以惠养民，使民不违农时，这是良相为政的原则。① 因此，子产是一位品行兼优、长于政事的君子。此外，子产还提出了"宽猛相济"的为政方针，"政宽则民慢，慢则纠之以猛。猛则民残，残则施之以宽。宽以济猛，猛以济宽，政是以和"②。他通过"宽猛相济"的为政方针，维持了一国政事和谐与人民生活的安定。所以，孔子听闻他离世后，也伤心地流下眼泪，称他能发扬古人为政爱人的遗风，是"古之遗爱"！

晏平仲，名婴，是齐国大夫，历任灵公、庄公、景公三朝，以杰出的政治才能和外交手段闻名诸侯。孔子也曾对他发出赞叹。

子曰："晏平仲善与人交，久而敬之。"（《论语·公冶长》）

依照先儒观点，"久而敬之"有两种解释：一是就"善交"本身而言，程颐指出，"人交久则敬衰，久而能敬，所以为善"③。意思是，一般人交朋友，初时颇有敬意，时间长了，随着交情的加深，敬意也随之衰减。晏婴不同，他对待朋友能够一直保持最初的敬意，所以孔子称他"善交"。二是就"善交"所达到的效果而言。皇侃注："凡人交易绝，而平仲交久而人愈敬之也。"《论语后案》曰："平仲身遭季世，而使人能敬之，则为交之善也。"④ 他人与晏婴交往，时日既久，便知其德行、能力或学问非常人所及，对他产生由衷的敬意，故曰"久而敬之"。这两种解释都能自圆其说，故先儒多有争议，但晏婴的善于交友则是无疑。

《晏子春秋》记述了晏婴的交友原则："其交友也，论身义行，不为苟戚，不同则疏而不诽，不毁进于君，不以刻民尊于国。"《四书大全辨》列举了他所交的朋友，"于晋悦叔向，于郑悦子皮，于吴悦季札，于周交伯常骞，于鲁交处士苏晋，与孔子处者八年，悦孔子弟子曾子，聘之任，

---

① 程树德：《论语集释》，中华书局2013年版，第421页。
② 李梦生：《左传译注》，上海古籍出版社2016年版，第1328页。
③ （宋）朱熹：《四书章句集注》，上海古籍出版社2006年版，第101页。
④ 程树德：《论语集释》，中华书局2013年版，第423页。

曾子固辞；于齐友大夫吴翰"①。这些朋友均为各国有德有位的君子。晏婴与他们结交，于己可以修身立德，于国可以建立良好的外交关系，所以，孔子称晏婴为"善交"之人。

此外，孔子还对卫国的贤大夫史鱼和蘧伯玉进行了赞叹。

> 子曰："直哉，史鱼！邦有道如矢，邦无道如矢。君子哉，蘧伯玉！邦有道则仕，邦无道则可卷而怀之。"（《论语·卫灵公》）

史鱼之事见于《孔子家语·困誓》。卫国有贤人蘧伯玉，灵公不用，却一直任用不肖之臣弥子瑕。史鱼深知蘧伯玉之贤与弥子瑕之不肖，曾多次针对此事向灵公进谏，却均未得到采纳。及至将死，史鱼令儿子将其遗体放置在窗户之下，用这种方式完成最后的进谏。灵公吊唁时，看到如是情形，感到奇怪，问其缘故。其子据实以告。灵公大感惭愧，于是召见并任用了蘧伯玉，而疏远了弥子瑕。所以，孔子以箭矢之行来比喻史鱼的直言直行，称赞他"志壹于直，不计有道无道"②。

蘧伯玉的处世之道与史鱼不同。他有一种"有道则见，无道则隐"的君子之风。当国家有道时，他便出来做官，为国家发展和人民幸福贡献自己的一份力量。当国家无道时，他知道即使出仕也难有所作为，于是便把自己的道德学问像画卷一样卷收起来，保全自身以待有为之机。朱熹说："伯玉出处合于圣人之道，故曰君子。"③ 也就是说，蘧伯玉这种"用行舍藏"的处世风格符合圣人之道，所以孔子赞他说："君子哉！"

在道德修养方面，《韩诗外传》描绘了蘧伯玉的德行：他的外表宽厚而内心正直，以道德规范为标准，不断改正自己的过失，而不苛责他人的过失。他出处有道，即使不得志时，也不会郁郁寡欢。他的德行美好如斯，以至于做父亲的都希望有他这样一个儿子，做儿子的都希望有他这样一个父亲，做君主的都希望有他这样的臣子，做臣子的都希望有他这样的君主。他的名声播于四方，天下人无不希望他是自己的亲人。《论语·宪

---

① 程树德：《论语集释》，中华书局2013年版，第423页。
② 程树德：《论语集释》，中华书局2013年版，第1376页。
③ （宋）朱熹：《四书章句集注》，上海古籍出版社2006年版，第211页。

问》形容他说:"夫子欲寡其过而未能也。"《淮南子·原道训》曰:"蘧伯玉年五十,而有四十九年非。"这说明蘧伯玉的美好德行,在一定程度上是来自他的改过,即以先贤的言行为标准,不断修正自己的过失,提高自己的道德修养。

综上所述,与孔子同时代的几位贤者,虽然都未臻至孔子心目中的圣人境界,但都具有不同方面的内涵,足以成为后人为学的典范。如,子产的惠民思想,晏婴的交友原则,史鱼的直言直行,蘧伯玉的改过精神与处世之道等。在孔子的日常教学中,我们也可以不时地看到这些思想的缩影。诸如,孔子认为,为政要"惠而不费"(《论语·尧曰》),交友要"主忠信,无友不如己者"(《论语·学而》),做人要"人之生也直"(《论语·雍也》),"过则勿惮改"(《论语·子罕》)等。

第三节 为学态度之叹

在确定了为学的志向与典范后,一个人能否成才则取决于他的为学态度。下文拟从"孔子之叹"中解读孔子及孔门弟子的为学态度。

一 "好学不倦"的为学态度

"好学"是学者首先应具备的为学态度。在《论语》中,"好学"一词共16见,可见其对为学的重要性。关于"好学"的叹辞主要出现在下列章句:

> 子曰:"默而识之,学而不厌,诲人不倦,何有于我哉!"(《论语·述而》)
> 子曰:"若圣与仁,则吾岂敢。抑为之不厌,诲人不倦,则可谓云尔已矣!"(《论语·述而》)

孔子既以"博学多识"闻于诸侯,时人在遇到未知的事物或不熟悉的礼仪时,常向孔子请教。据相关史料记载,鲁国季桓子凿井时,曾挖到一个像羊的物件,众人皆不知何物,于是请问孔子。游历至陈国时,有隼鸟坠落在陈惠公的厅堂上,身插奇怪的箭矢,惠公不知其然,乃派使者到孔子的馆舍请教。① 他身居鲁国时，有问禘祭之礼的常人，"或问禘之说"②，有问盛大礼仪的君主，"哀公问于孔子曰：'大礼如何'"③，游历四方时，也有他国将军向孔子请教，"卫将军文子将立先君之庙于其家，使子羔访于孔子"④。因此，时人多以为孔子无所不知，是天生的"圣人"。但孔子认为，与他人相比，自己并没有什么胜人之处，所以"博学多闻"，只是因为比别人更加"好学"罢了，"我非生而知之者，好古敏以求之者也"（《论语·述而》）。这种"好学"的态度，使他在同时代的人中脱颖而出，"十室之邑，必有忠信如丘者焉，不如丘之好学也"（《论语·公冶长》），并且保持了一生。直到晚年，他学习《周易》时，还达到了"居则在席，行则在囊"的地步。他说："如果再给我数年时间，或者五年，或者十年，来好好地研学《周易》，那么或许就可以没有太大的过失了。"⑤ 可见，他的"好学"的态度贯彻始终，是其一生为学的重要特征。

《论语·学而》曾描述了"好学"的基本形象：

> 君子食无求饱，居无求安，敏于事而慎于言，就有道而正焉，可谓好学也已。

君子饮食不追求食物的饱足，居住不追求住所的安逸，专心致志地求学仁道，亲近那些有道之人，不断地在做事和言语上磨炼，这样可以算作"好学"了。就这一形象而言，孔门有不少弟子符合这一描述，如"如切如磋，如琢如磨"的子贡，"日知其所亡，月无忘其所能"的子夏，"人一能之己百之，人十能之己千之"的曾子，等等。但孔子却只以"好学"称赞颜回，何也？

> 孔子对曰："有颜回者好学，不迁怒，不贰过，不幸短命死矣！

---

① （汉）孔安国：《孔子家语》，中华书局2014年版，第138页。
② 钱穆：《论语新解》，九州出版社2011年版，第57页。
③ 杨天宇：《礼记译注》，上海古籍出版社2016年版，第805页。
④ （汉）孔安国：《孔子家语》，中华书局2014年版，第260页。
⑤ 李炳南：《论语讲要》，长江文艺出版社2011年版，第126页。

今也则亡,未闻好学者也。"(《论语·雍也》)

季康子问:"弟子孰为好学?"孔子对曰:"有颜回者好学,不幸短命死矣!今也则亡。"(《论语·先进》)

在孔子看来,在诸弟子中,只有早夭的颜回通过"好学"达到了"不迁怒,不贰过"的境界。李炳南认为:"颜子动怒时,即自知其为烦恼,能以忍而止之,不使怒气续发,是为'不迁怒'。""不贰过。过是无心所犯的过失。颜子如犯某种过失,一经发觉,即不再犯。"[①] 其中,"好学"是"不迁怒,不贰过"的原因,"不迁怒,不贰过"是"好学"的成果。彼时,虽然具备"好学"基本形象的弟子为数不少,但均未达到"不迁怒,不贰过"的境界。因此,颜回死后,孔子称再无"好学者"。

综上可知,孔子与颜回的学问境界都是从"好学"中来。《礼记·中庸》曰:"好学近乎知"。"好学"虽然不等同于智慧,但借着"好学",君子可以"多闻多见","博学而识之",对形上之"道"与形下之"器"均获得一定程度的了解,从而为进一步修学儒家智慧奠定坚实的基础。因此,"好学"虽不是智,但近于智。学者为学,只有具备"好学"的态度,才能在道德或学问上立得住脚,在未来成为学有所成的君子或圣贤。

二 "乐以忘忧"的为学态度

相较于"好学","乐学"的态度似乎更加难得。

子曰:"知之者不如好之者,好之者不如乐之者。"(《论语·雍也》)

就层次而言,"乐学"的整体形象当在"好学"之上。包咸认为:"知、好、乐三字,皆说求学之事。"[②] 在求学过程中,"知之者"指原本不知其事,今能求其然者。"好知者"指既知其事,而心好之,故能求其所以然者。"乐之者"指既能知其所以然,是以乐之者。可以看出,从

[①] 李炳南:《论语讲要》,长江出版社2011年版,第92—93页。
[②] (清)刘宝楠:《论语正义》,中华书局1990年版,第235页。

"知之者"到"好之者",再到"乐之者",为学的态度愈加笃诚,为学的层次也能愈加深入。如果为学的心态真能从"好学"发展到"乐学",那么为学过程中所遇到的困难都可以迎刃而解,所付出的种种努力、切磋琢磨皆不以为苦,其所学也必有所成。

孔子关于"乐学"的叹辞主要出现在以下章句:

> 子曰:"饭疏食,饮水,曲肱而枕之,乐亦在其中矣!"(《论语·述而》)

> 叶公问孔子于子路,子路不对。子曰:"女奚不曰,其为人也,发愤忘食,乐以忘忧,不知老之将至云尔!"(《论语·述而》)

就"乐学"的原因来看,孔子认为,学之可乐处有三。一者,"学而时习"之乐。钱穆说:"学能时习,所学渐熟,入之日深,心中欣喜也"①,此为学有所得之乐。二者,"同类相求"之乐。学有所成之后,名声渐闻于远方,于是有志同道合之人慕名而来,"有朋自远方来",学习请益,此为"同类相求""教学相长"之乐。三者,道义之乐。此乐既包括学道明道之乐,"朝闻道,夕死可矣"(《论语·里仁》);也包括得道守道之乐,如孔子曰:"饭疏食,饮水,曲肱而枕之,乐亦在其中矣";还包括传道行道之乐,孟子曰:"得天下英才而教育之,三乐也。"②

就"乐学"的状态来说,当为学的君子将注意力集中在"仁道"的修学上,且乐在其中时,他就甘于简单的日常生活。具体表现在:其一,对衣食住行的将就。如孔子不在意饮食的好恶,他"饭疏食,饮水",用起功来甚至会忘记吃饭,"发愤忘食",但仍然乐在其中。颜回"一箪食,一瓢饮,在陋巷,人不堪其忧,回也不改其乐"(《论语·雍也》)。两例均为君子处在"乐学"状态时对衣、食、住、行的将就。其二,对富贵荣华的忽略。君子学道能得到富贵荣华,"学也,禄在其中矣"(《论语·卫灵公》)。但为学并不是为了富贵荣华。"乐学"之君子,乐在学道、明道、传道与行道。他们对富贵的态度是"死生有命,富贵在天"(《论

---

① 钱穆:《论语新解》,九州出版社2011年版,第2页。
② 曾振宇:《孟子新注》,人民出版社2012年版,第214页。

语·颜渊》)。所以他们眼里,"得之不以其道"的富贵,犹如浮云一般聚散俄顷。其三,对忧虑与时间的忘却。常人所忧虑者,无非衣食住行、富贵荣华之事。未得时,忧虑如何能得;已得后,忧虑如何不失;故得亦忧,失亦忧。修学仁道的君子,心心念念在仁道上,会忘记这种忧虑,此所以无忧也。学有所成后,君子常存公心,崇尚施予,于前述之事,不再患得患失,故"仁者不忧"。

三 "难以哉"的为学障碍

正面的为学态度,有利于道德学问的增进,应把握而秉持之;负面的为学态度,对道德学问的养成则有诸多不利,故应戒惧而摒弃之。下文主要分析孔子叹辞中对"为学"有不利影响的负面态度,也就是"难矣哉"的为学障碍。

> 子曰:"饱食终日,无所用心,难矣哉!不有博弈者乎,为之犹贤乎已。"(《论语·阳货》)

"无所用心"是为学过程中的首要障碍。孔子认为,如果一个人吃饱喝足,却整日游手好闲、无所用心,这样的人难以养成良好的德性,也难以成就伟大的事业。孟子将这种"无所用心"的弊端说得更重。他认为,一个人吃得饱,穿得暖,衣食无忧,却不肯接受教育,使得心无所依靠,这种人和禽兽相差无几。[①] 马融对这一说法进行了解释。他指出,"无所用心"之人之所以难有成就,是因为他们的内心没有可以依止的良善的理念,从而容易滋生出种种欲望和邪僻之念,"为其无所据乐善,生淫欲也"[②]。沉浸在这些欲念之中,不仅很难升起远大的志向,而且还容易为所欲为,最终害人害己。因此,相较于"饱食终日,无所用心",孔子认为,还不如参与一种健康的娱乐活动,如博弈,所造成的危害小。由此可见,一个人如果"无所用心",那么他的"为学志向"与"为学之道"皆无从谈起,其事业成就更是犹如水月镜花。所以,为学之君子当先戒除

[①] 曾振宇:《孟子新注》,人民出版社2012年版,第77—78页。
[②] 程树德:《论语集释》,中华书局2013年版,第1598页。

"无所用心"。若非如此，则心志易溺于种种欲望之中，虽不是禽兽，亦不远矣。

> 樊迟请学稼，子曰："吾不如老农。"请学为圃。曰："吾不如老圃。"樊迟出。子曰："小人哉，樊须也！上好礼，则民莫敢不敬；上好义，则民莫敢不服；上好信，则民莫敢不用情。夫如是，则四方之民襁负其子而至矣，焉用稼？"（《论语·子路》）

"志向狭小"是为学过程中的第二大障碍。樊迟问稼、问圃，孔子叹其"小人哉"，何也？在孔子看来，君子理应是修学"仁道"之人，应以利益天下为己任。稼圃之事，虽然也有助于国计民生，但自有老农、老圃等专业人员去做，是一般百姓所心系之事。而"忧道""怀德"的君子，应该具备更宽广的胸怀与更宏大的格局，要以学习齐家、治国、平天下的学问为事。换言之，在位的君子更重要的职责在于通过办政治、兴教化为百姓提供良好的政治环境，从而为农业、经济和社会的发展提供必要的条件。所以，在孔子眼中，修学"礼""义""信"等内容，远比学习农作物的种植来得重要。樊迟心系稼、圃，不以"仁道"和"为政之道"问学，是以孔子不许。又子夏曰："虽小道，必有可观者焉；致远恐泥，是以君子不为也。"（《论语·子张》）致力于"小道"的修学，如医、卜、稼、圃之事，虽然也有一定的可观之处，但很难通过这样的一技之长，达于"仁道"的广大悠远之境。因此，拘泥于小道，容易将自身的抱负囿限于一技一器之中。所谓"一叶障目，不见泰山"，这样的志向会对"仁道"的修学带来诸多不利影响。

> 宰予昼寝。子曰："朽木不可雕也，粪土之墙不可杇也，于予与何诛！"子曰："始吾于人也，听其言而信其行；今吾于人也，听其言而观其行。于予与改是。"（《论语·公冶长》）

"慵懒丧志"是为学过程中的第三大障碍。"宰予昼寝"指宰予白天进入寝室睡觉。古人认为，寝室是晚上休息的地方，天黑之后始可进入。一个人如果白天躺在寝室睡觉，是辜负光阴、慵懒倦怠的表现，容易使人丧失志向。《韩诗外传》曰:"卫灵公昼寝而起,志气益衰。"知"昼寝"不为古人所认可。孔子以"朽木""粪土之墙"呵斥宰予,所责之深在诸弟子中较为罕见。这一方面说明了孔子对宰予的重视。宰予是孔门言语科高弟,孔子对其寄予了厚望,爱之切而责之深,故以"朽木""粪墙"斥之。另一方面说明了"慵懒"对于"为学"具有十分严重的负面影响。它会使"有用之材"变成不可雕刻的"朽木",使坚固的"宫墙"变成不可复饰的"粪土之墙",使高远的志向被昏惰的状态所取代,此时再想教导他也无从教起。因此,立志为学者,当戒除慵懒。朱熹曰:"君子为学,必先立志。此志既立,则如木有质,如墙有基,后雕杇之功可加矣。"[1]"慵懒"会使人丧志,也就是毁坏了"木之质"与"墙之基",使得"为学"再难有成就,故学者不可不警惕。

子曰:"士而怀居,不可以为士矣!"(《论语·宪问》)

"怀居泯志"是为学过程中的第四大障碍。孔子说:"士而怀居,不可以为士矣"。"居"谓居室、居乡或居处等,是心所安逸之处。"怀"指心里常常系念。古人认为,"士"应该立志于学道,以利益天下为己任,不应经常系念安逸的生活与居处,所以"士初生时,设弧于门左,为将有事于四方也"[2]。李二曲曰:"士若在身心上打点,世道上留心,自不屑区区耽怀于居处。一有系恋,则心为所累,害道匪浅。"[3] 意思是,读书人如果立志于修养身心、利国利民等"内圣外王"之事,就会不屑于享受安逸的生活与居处。但如果他的心常被系缚在安逸的生活上,那么修学仁道的志向就会逐渐泯灭,利国利民的事业也就无从谈起了。所以,孔子认为,这种追求生活安逸的人,是不足以称为士的。真正的士应该以学道为志向,"居天下之广居,则随遇而安,必不萦念于居处,以至于饮食衣服之类;凡常人意所安处,举无以动其中,斯胸无一点尘,不愧为士"[4]。

---

[1] (宋)朱熹:《四书章句集注》,上海古籍出版社2006年版,第99页。
[2] 杨天宇:《礼记译注》,上海古籍出版社2016年版,第437页。
[3] 程树德:《论语集释》,中华书局2013年版,第1225页。
[4] 程树德:《论语集释》,中华书局2013年版,第1225页。

子曰:"群居终日,言不及义,好行小慧,难矣哉!"(《论语·卫灵公》)

"群居不善"是为学过程中的第五大障碍。钱穆释曰:"群居不以善道相切磋,终日言不及正义,专好逞小才知、小聪明,难为人,亦难为群。"① 此言修学环境的重要性,主要指所生活的社会环境。君子只有多结交志同道合的朋友,才能相互琢磨,不断进步。因此,在孔子所推崇的"益者三乐"中,其中一条为"乐多贤友"。这些贤友有益于道业的精进。他们或者正直,能够帮助自己认识到自身的过失与不足,或者守信,能够在相处时以忠信为本不行欺诈之事,或者多闻多见,能够在为政做事时提供一些合理的建议,都是能够长善救失,有益于增进道德学问的人。而如果一个人选择的朋友是注重外在威仪而不诚实之人,或者面色柔顺工于媚悦之人,或者能言善辩却没有真才实学之人,那么只会助长自身的骄傲自满、阿谀奉承、巧言令色等特征,从而使道德学问每况日下,成为社会的负担。所以,孔子强调为学环境的重要性,他说:"里仁为美,择不处仁,焉得知?"《论语·里仁》选择居处时,应以邻有仁者为美,肆意而居,不选择有仁者的地方,哪里算得上有智慧呢。曾子亦发明师教,说:"君子以文会友,以友辅仁"(《论语·颜渊》),君子应该通过《诗》《书》《礼》《乐》这些载道之文来结交朋友,又通过朋友之间的切磋琢磨来辅助"仁道"的修学,如此经营自己的为学环境,才是真正善于选择环境的人。

冉求曰:"非不说子之道,力不足也。"子曰:"力不足者,中道而废。今女画!"(《论语·雍也》)

"中道而废"是为学过程中的第六大障碍。古人云:"行百里者半九十。"在为学过程中,保持长久的求道之心,对于道德学问的养成具有十分重要的意义。冉求是孔子门下多才多能的一位弟子,孔子曾称赞他说:"求也艺"。彼时,他在孔门大概已学习了很长一段时间,见孔子道大,

---

① 钱穆:《论语新解》,九州出版社2011年版,第381页。

非常人所能及，故曰："非不说子之道，力不足也。"意思是：并非我不喜欢您所提倡的"仁道"，只是"我"的能力有限，难以达到您所要求的境界。孔子斥之曰："力不足者，中道而废，今女画"。修学"仁道"的过程，譬如路人行路，力气不足的人是指那些走到半路实在走不动迫不得已而停下的人。你冉求并非能力不足，只是缺少坚持下去的恒心与毅力，自己想要停下来罢了。孔子认为，"仁道"的修学可谓至易至难。至易者，孔子说："有能一日用其力于仁矣乎？我未见力不足者"（《论语·里仁》），言未有一日想修学仁道而力气不足者。至难者，"回也，其心三月不违仁，其余则日月至焉而已矣"（《论语·雍也》），好学如颜回亦只是三月不违仁，他人不过一日一月之中偶然至于仁而已。可见，真正困难的是保持修学"仁道"的恒心。如果真能终日乾乾，日新其德，那么一定能够修学成功，使自身克已复礼，使天下归乎"仁道"。所以，子曰："譬如为山，未成一篑，止，吾止也。譬如平地，虽覆一篑，进，吾往也。"（《论语·子罕》）

子曰："过而不改，是谓过矣！"（《论语·卫灵公》）

"过而不改"是为学过程中的第七大障碍。知过改过是"仁道"修学中十分重要的一环。"人非圣贤，孰能无过"，只有在过失中不断地总结，不断地反思，才能使自己的德业不断进步。孔子说："君子之过也，如日月之食焉，过也人皆见之，更也人皆仰之。"（《论语·子张》）君子有过失时，不会文过饰非。他的过失像日食和月食一样出现时人人都可以看到，改过后人人都会仰望。可见，君子不贵无过，也不可能无过，真正可贵的是知过、改过。一个人如果能够真心改过，道业自然日进。孔子的学生曾子"每日三省"是以改过为要。一省，为人办事是否尽心尽力、尽职尽责。二省，与朋友相交是否诚实守信、不欺不诈。三省，传授他人的学问是否为自己所习练。通过这种省察，君子能够在很大程度上看到自己的过失，进而改正这些过失。但孔子又说："已矣乎！吾未见能见其过而内自讼者也。"（《论语·公冶长》）算了吧，"我"尚未见到能看到自己的过失，并积极进行自我批判的人。由此可知，真正能知过、改过的人，仍是少之又少。多数人只是日循其敝而已。

第四节 为学之叹的现代价值

孔子生活在"天子失官,学在四夷"的春秋时期。官学的没落和士阶层的崛起,为私学的产生与发展提供了肥沃的土壤。在第一批私学创办者中,孔子的道德学问最高,办学规模最大,弟子成才最多,对后世的影响最深。他怀着"用行舍藏"的理念,一边做着淑世的事业,一边做着传道的教育。但从根本上说,他仍然是一位学者,用"学"贯穿了自己的一生,通过"学"成就了自己的道德学问,通过教人以"学"成就了无数的弟子和后人。时至今日,即使随着时代的发展,"为学"的方方面面已然发生了巨大改变,但"为学之叹"中所蕴含的孔子教育思想,依然可以穿越时空,为现代教育的发展提供些许借鉴。

一 "学不能已"的为学定位

孔子认为,学者应该树立"志于道"或"志于仁"的为学志向。通过孜孜不倦地学习,对内不断提升自己的德性,对外将美好的德性在家庭、乡邑、邦国,乃至天下,次第推展开来,最终使自身的道德学问与为政能力均臻于至善的境界。这种将"道"或"仁"作为终身追求的为学路径,既反映了孔子及其弟子为学的主体性原则,也蕴含着"终身学习"的理念。

(一)"为仁由己"的主体性原则

孔子创设了"仁学",并将"仁道"标榜为君子为学的志向。而"为仁"与否则完全取决于自己,这无疑表明了儒者"为学"的主体性原则。这种主体性原则不仅体现为人人所应具备的"仁者爱人"精神,而且体现在通过"克己",即克制自身物欲,来实现"仁"的道德自律意识中。

在这种以"仁"为主导的教育模式下,孔门教学也是以学生自学为主,教师教学为辅。当学生有求学的欲望时,教师才会进行教学。当学生在学习过程中遇到问题时,教师才会予以指导。这样的教育模式,显然不利于大量知识的高效传递,但对思考与学习能力的培养具有莫大的助益。尤其在离开学校后,随着学生社会身份的改变,他必然要经历从知识的被动接受者向知识的主动学习者,甚至是新知识的创造者转变的过程。可以说,除了在学校接受教育外,他在家庭、社会和工作中,更多扮演的是一个为学者形象。通过学习，解决家庭的各种问题和矛盾；通过学习，和谐社会关系、化解社会冲突；通过学习，发现工作中的问题，并在恰当的时机选择恰当的方式解决问题。因此，要从容应对来自生活各方面的挑战，首先要体会的就是为学的主体性与自觉性。

反观近代以来，我国的学校教育一度片面地追求考试成绩和升学率，家长过度地关注学生的分数和名次，使得学校教育远离了人格培养，逐渐成为教师根据教学计划，将预先设定的知识，通过反复灌输，作业强化，以及无休止的评优、竞赛和考试等手段，传递给学生的过程。这种教育方式，关注学生认知能力的发展，却忽视了学生作为独立个体的学习动机与学习需求。正如汪霞所说："如此教学的动力不是发展作为主体的人的人格，而只是片面获得大堆知识而已。受教者的被动性使学生觉得课堂成了'现代精神地狱'，人的主体性迷失了，学习没有成为活生生的文化创造活动，反而成了一种讨厌的累赘，一种使人片面发展、窒息心灵的反文化、反教育活动。"[1]

20世纪末以后，随着国内基础教育的普及与世界教育的发展，学界与政府也逐渐意识到"应试教育"的种种弊端，并试图改变这一状况。1993年，中共中央和国务院发布的《中国教育改革和发展纲要》指出，"中小学要由'应试教育'转向全面提高国民素质的轨道，面向全体学生，全面提高学生的思想道德、文化科学、劳动技能和身体心理素质，促进学生生动活泼地发展"[2]。2010年颁布的《国家中长期教育改革与发展纲要》强调，"要以学生为主体，以教师为主导，充分发挥学生的主动性，把促进学生健康成长作为学校一切工作的出发点和落脚点。关心每个学生，促进每个学生主动地、生动活泼地发展，尊重教育规律和学生身心发展规律，为每个学生提供适合的教育"[3]。2014年《教育部关于全面深

---

[1] 钟启泉、汪霞、王文静主编：《课程与教学论》，华东师范大学出版社2008年版，第240页。

[2] 中共中央、国务院：《中国教育改革和发展纲要》，1993年2月13日，http：//www.moe.gov.cn/jyb_sjzl/moe_177/tnull_2484.html。

[3] 国家中长期教育改革和发展规划纲要工作小组办公室：《国家中长期教育改革和发展纲要（2010—2020）》，2010年7月29日，http：//www.moe.gov.cn/srcsite/A01/s7048/201007/t20100729_171904.html。

化课程改革,落实立德树人根本任务的意见》提出"教育部将组织研究提出各学段学生发展核心素养体系,明确学生应具备的适应终身发展和社会发展需要的必备品格和关键能力,突出强调个人修养、社会关爱、家国情怀,更加注重自主发展、合作参与、创新实践"①。但由于考试是升入大学的主要方式,而优质的大学目前仍属于稀缺资源,这种升学竞争的客观压力使得"应试教育"的转轨困难重重。

笔者认为,借鉴孔门为学的主体性原则,可以通过三方面的努力对"应试教育"所导致的主体性缺失做出回应。在教育内部,国家教育机构与各级学校应该首先破除"唯分数论"的不良导向,建立多元化、开放性的教育评价体系,关注学生的学习能力、创新意识和学习态度等,积极营造学生主体性能力发展的学校环境。在家庭和社会中,应该积极普及"唯分数"论的各种危害,使家长充分意识到只重视孩子的学习成绩而忽略其主体性与人格培养的弊端,努力营造学生主体性成长的家庭环境。在办学方面,国家在重点支持少数一流高校的同时,更应该加大力度支援多数的地方院校和普通高中,使这些高校、高中的拨款与师资达到更高的水平,这样可以在很大程度上缓解由于优质教育资源短缺所导致的升学竞争问题。

(二)"学不能已"的终身学习理念

"道"或"仁"这种为学志向的实现,不是一蹴而就的。它是一个长期修学,不断积累的过程。孔子说:"吾十有五而志于学,三十而立,四十而不惑,五十而知天命,六十而耳顺,七十而从心所欲不逾矩。"(《论语·为政》)孔子十五岁即立志于"学仁""学道",通过学,渐次达到了"立""不惑""知天命""耳顺""从心所欲不逾矩"的道德境界。可以说,"学"伴随孔子一生,是不断提升其道德学问与办事能力的重要路径。

20世纪六七十年代以来,国际社会出现了"终身教育""终身学习""学习型社会"等理念,这些理念的形成与发展共同促成了当代世界教育

---

① 教育部:《关于全面深化课程改革,落实立德树人根本任务的意见》,2014年3月30日,http://www.tyxx.ecnu.edu.cn/_upload/article/files/e2/44/40b848914dc6ab3f80c7bcc899d5/3b20963c-c126-4be0-a706-35172597c4eb.pdf。

改革与发展的基本思想。① 保罗·朗格让指出，在现代社会中，人们通常会面临社会习俗的变迁、科学技术的更新、精神信仰的缺失、伦理秩序的失衡、闲暇时间的浪费等一系列的问题与挑战，这使得持续不断地接受教育和进行学习成为一种必然，因为"如果教育要在一个个体的一生中，在他生活的方方面面发挥作用，那么它就需要突破学校体制的束缚，占有既和工作相关，又和闲暇有关的人类活动的全部"②。1972 年，在联合国教科文组织教育发展委员会发布的《学会生存：教育世界的今天与明天》中，学术界也对"终身学习"的概念进行了描述，"教育正在跃出历史悠久的传统教育所规定的界限，它正逐渐在时间和空间上扩展它的真正领域。在这一领域内，教学活动便让位于学习活动，虽然一个人在不断地接受教育，但他越来越不成为对象，而是越来越成为主体了"③。学者们认为，以终身教育和终身学习为基础，未来社会也必然向"学习型社会"前进。教育将处于社会的核心位置，它涉及全体公民，并且伴随他们的一生。每个个体都要在各种环境中不断学习，处理来自生活与时代的不同挑战。学会学习、终身学习，将成为学校教育的重要内容、教学理念和评价标准。正如顾明远和石中英所说："学习型社会就其形式来说，是要创造一个全民学习和终身学习的社会。就其本质来说，就是一个'以学习求发展的社会'。"④

从孔子的"为学之叹"中，我们可以借鉴孔门"志于道"或"志于仁"的为学志向，将道德的修养、能力的提升与"终身学习"的理念融合起来，把"学"当作人格修养与能力充实的重要手段，如此才能在竞争激烈的未来社会中，从容应对来自工作和生活中的各种挑战。

二 "古圣先贤"与"时代精英"相结合的榜样学习法

从"为学之叹"的典范来看，孔子鼓励弟子以"古圣先贤"与"时

---

① 朱敏、高志敏：《终身教育、终身学习与学习型社会的全球发展回溯与未来思考》，《开放教育研究》2014 年第 1 期。
② [法] 保罗·朗格让：《终身教育导论》，滕星等译，华夏出版社 1988 年版，第 56 页。
③ 联合国教科文组织教育发展委员会：《学会生存：教育世界的今天与明天》，教育科学出版社 1996 年版，第 200 页。
④ 顾明远、石中英：《学习型社会：以学习求发展》，《北京师范大学学报》（社会科学版）2006 年第 1 期。

代精英"为榜样,构建以德性为主导的"内圣外王"的道德理想与实践路径。在古圣先贤中,帝尧效法天道的崇高与广大,成就了百姓难以言尽的盛德。帝舜以孝弟闻名天下,通过任贤使能,使国家"无为而治"。帝禹"薄于己而厚于民","功为百神之主,惠为民之父母"。文王怀有至德,以"让"治天下。武王伐纣灭殷,可谓"达孝"。周公制礼作乐,保有谦德。在时代精英中,子产以惠养民,合乎君子之道四。晏婴论身行义,善与人交。蘧伯玉善于改过,出入有道。可以看出,通过"古圣先贤"与"时代精英"相结合的榜样学习法,孔子为孔门弟子构建了可供"见贤思齐"的榜样体系。这一体系可以满足不同弟子在不同发展阶段进德修业的榜样需求。同时他认为,儒者学习的榜样又不限于这些圣贤。他说:"三人行,必有我师焉。"(《论语·述而》)但凡在生活中遇到的具有嘉言懿行的个体,都可以成为儒者学习的榜样。

根据班杜拉的社会学习理论,人类个体行为技能和思想方式的发展,与其观察和模仿的对象息息相关。班杜拉把这种"一个人通过观察他人的行为及其强化结果,而习得某些新的反应,或使其已有的某些行为特征得到矫正"[①]的现象,称作"观察学习"。在这个过程中,观察的主体称为"观察者",被观察的对象称为"榜样"。观察者通过观察榜样的行为,而使自身产生变化的过程,称为"示范作用"。在不同的示范榜样中,班杜拉认为,有一种对个体的社会化和道德发展具有重要影响的"诫例性榜样",它以言语描述和具体形象相结合的方式,指导并规范着现实个体的行为发展和道德养成。如中国的古圣先贤和时代精英,作为能够影响下一代的榜样,他们身上凝聚着中华民族的理想人格,反映着传统文化和时代发展对社会个体的要求,并通过学校教育和民间故事等不同途径对社会个体的人格与行为施加影响。因此,就社会整体而言,古今结合的榜样体系,调节、规范着社会成员的道德水平和行为方式,使社会朝向共同的理想目标发展。

近年来,在我国各级学校的德育领域,榜样学习的现状颇受诟病。首先,榜样的真实性与可学习性受到学生的怀疑。多数学生认为,学校所树

---

① 高申春:《人性辉煌之路:班杜拉的社会学习理论》,湖北教育出版社1999年版,第124页。

立的榜样及其事迹存在不同程度的夸张,他们与自身的差距过大,很难去效仿。[1] 其次,大部分学校开展的榜样学习活动具有明显的形式化特征。对榜样的学习只固定在每年的特定几天内,如"学雷锋"周,活动过后学生在日常生活和学习中并不践行所谓的道德行为。最后,榜样学习的方式较为固化,主要停留在"好人好事"阶段,如探望敬老院老人、护绿环保、清洁社区等,对榜样学习的所以然,也就是榜样学习的本质、利害关系,却很少进行深入分析。正如有的学者所说:"无论过去还是现在的榜样教育,我们总是习惯选择'高、大、全'的伟人、名人、英雄为榜样,伴随榜样行为的结果却是毫不利己、专门利人的流泪、流汗又流血的牺牲,这样的榜样教育在歌功颂德的道德繁荣背后却隐藏着人们对于道德行为的质疑和规避。"[2]

通过对孔子"为学之叹"中为学典范的解析,我们认为,可以在以下几点改进现代的榜样学习:第一,应树立多元化的示范榜样。孔门的为学榜样既包括具有崇高德性和巍巍事功的"古圣先贤",也包括具有某些君子德性,能够利民惠民的"时代精英",还包括偶尔出现善言善行的普通人,实现了榜样学习的多元化。这种多元化的榜样体系,不仅有利于学生树立远大的为学志向,也可以使他们在日常生活中找到可以效仿的对象,从而使道德行为具有实践性和长效性。第二,应实事求是地宣传榜样的事迹。传统的榜样教育,通常会拔高榜样的形象,神化榜样的事迹,掩饰榜样的缺点,将其塑造为完美无缺的"圣人"。这样的宣传使榜样脱离了生活实际,变成了冰冷的、让广大学生望而却步的道德符号,难以发挥教育作用。在榜样的树立过程中,我们应该从历史的角度,以发展的眼光,客观公正地看待榜样的成长,既不随意质疑,也不刻意拔高,使榜样以现实的、真实的形象展现在学生面前,然后"择善而从",学习榜样美善的行为与道德。第三,应对榜样的内涵与行为动机做出相应阐释。学生对榜样的学习,绝不应该是对其行为模式的简单复制。时空的改变和行为对象的不同,很有可能会使原本的道德行为失去本质意义。对榜样的学

---

[1] 李诗夏:《大学生榜样教育:践行社会主义核心价值观的新路径》,《学习与实践》2016年第12期。
[2] 林美:《学校榜样教育低效的归因分析与改进》,《教学与管理》2013年第25期。

习，更多地应该体会他们的精神内涵，并在此基础上对他们的行为动机进行合理解释，学习他们"将心比心""推己及人"的道德原则等。如此才能将榜样学习的过程变成创造性的行为模仿过程，使学生在不同的境遇下，根据现实条件的不同，做出合乎社会需求的道德行为。

三 "好学""乐学"的为学态度

从"孔子之叹"中所反映的为学态度来看，孔子善于运用积极的态度来提升道德学问，并能够及时发现消极的为学态度对弟子可能产生的不良影响。孔子认为，为学者应该具备"好学不倦"的为学态度，亲近那些有道的君子，不断地在言行上磨炼，最终达到"不迁怒，不贰过"的道德境界。比"好学不倦"更可贵的是"乐以忘忧"，形成这种为学态度的原因包括学有所得、教学相长、行道传道等。"乐学"的君子心心念念都在"仁道"的修学上，所以他能够忘掉衣食住行的敝陋，虽"一箪食，一瓢饮"也能乐在其中。此外，孔子也十分警惕消极的为学态度对弟子的影响。他指出，"无所用心"会使人难有成就，"志向狭小"会使人拘泥小道，"慵懒倦怠"会使人丧失志向，"士而怀居"会使人泯灭志趣，"群居不善"难以切磋进益，"中道而废"难以成就德业，"过而不改"不能为学日益。凡此种种，说明仁道的修学既要善用积极的为学态度，又要尽量避免消极态度的影响。

社会心理学家认为，态度是由认知、情感和行为倾向三部分构成的，是影响个体行为的重要因素之一，在很大程度上决定了个体的行为。学习态度，作为学习者对学习活动的基本看法，对学生学习行为的发生和转变也具有重要的影响。大量心理学实验证明，学习态度与学习成绩之间呈现显著的正相关。积极的学习态度能够有效提高学生的学习成绩，帮助学生逐渐对学习产生兴趣，促进学生理想人格的发展。"古今中外的一切教育家都对学生学习态度的积极、正确与否以及如何培养学生正确、主动、积极的学习态度非常重视，并往往把解决这一问题置于教育活动的首要地位。"[①] 有学者指出，"如果我们能够在学生在校学习过程中，通过恰当的教育途径，使学生养成正确的学习态度，不仅对他们在学校的学习效果有

---

① 孙维胜：《论学生正确的学习态度及其培养》，《当代教育科学》2003年第19期。

重大影响，而且可能会影响他们一生的继续教育过程。"① 由此可见，培养学生正确、积极的学习态度意义重大。

借鉴"为学之叹"中孔子对学习态度的论述，我们认为，可以从以下几方面培养学生正确、积极的为学态度：第一，应树立远大的为学志向。如前所述，学习态度是学习者对学习活动的基本看法，当学生树立了远大的志向，而且意识到学习是实现这一志向的唯一路径时，就会愿意把更多的精力用在学习上。第二，应注重激发和培养学生的学习兴趣。兴趣能够促进学生的主动学习，对培养学生正确的学习态度具有莫大的助益。培养学生兴趣的方法包括生活化的学习内容、多元化的教学方法、情景式的教学设计等。第三，尽量避免消极、错误的为学态度对学生学习和生活的影响。消极的学习态度，不仅影响学生的学业和成绩，而且对志向的树立、事业的创立、人格的独立、道德的建立等都有诸多不利影响。因此，孔子将"无所用心""慵懒丧志""怀居泯志""中道而废""过而不改"等负面态度列为影响君子为学的重大障碍。他认为，此类态度会使人意志消沉，进而使德业的修学陷入困境。在日常的为学过程中，学生也应警惕消极为学态度的产生，尽量远离使自己意志消沉的各种因素，不出入消磨意志的场所，不结交"群居不善"的朋友，不因衣食的享受、生活的安逸忘却心中的理想。只有树立了远大的志向，并且保持"好学""乐学"的为学态度，亲近有德有才的师长和朋友，自己的道德学问和专业能力才会得到稳步地提升。

---

① 陈会昌、顾援、卢红、张林改：《态度教育论的理论模式与实验探索》，《教育理论与实践》2001年第2期。

第 三 章

为政之叹及其教育意蕴

子夏曰："仕而优则学，学而优则仕。"（《论语·子张》）为政与为学，是儒家修学的两个重要方面，二者理同而事异。理同者，都是发挥"仁道"的道理，对内"明明德"，对外"亲民"，最后"止于至善"。事异者，为政者的主要任务是为国家办理公事，只有在时间和精力富余时，才可研究学问；为学者的主要精力在于研究学问，待学有所成之后，方可进入仕途，通过为政来利益天下。同时，两者又相互促进、相辅相成。为政者若能在公事之余，学习《诗》《书》《礼》《乐》及先王典训，就能对先王施政的理念与实践，拥有更加深刻的理解，这是贤能政治的基础。而为学者在获得足够的学问内涵后，也应该入仕为官，通过为政来利益天下，这是修学仁道的大用。本章拟在"为学之叹"的基础上，以孔子的"为政之叹"为研究对象，探讨其中的内涵及教育意蕴。

第一节 "礼崩乐坏"之叹

孔子生活在"礼崩乐坏"的春秋时代。"礼崩乐坏"既是孔子游历列国"勉强而为之"的为政环境，也是他学习礼乐文化、主张恢复周礼的外部环境。这种环境使他"行道于天下"的宏愿落空，同时也使他深入地思考礼乐的内涵，为其道德学问的养成提供了条件。

一 "礼崩乐坏"的本质
在孔子之前的夏、商、周三代，统治阶层对礼乐仪式的运用，经历了人文化与政治化的过程。殷商时期，人们尊崇"上帝"和祖先神，认为他们能够决定天气状况、战争胜负、渔猎收获等。此时的"礼乐"主要是用于祭祀上帝和神灵，是一种献享神灵、求神赐福的仪式。及至周人灭商后，周公借鉴夏、商二代的礼乐传统，结合宗法制与分封制，制作了用以维护统治秩序的"礼乐文化"。这种"礼乐文化"，不仅对统治阶层的敬天、祭祖、封禅、战争等活动进行了规定，还对庶民的婚、丧、嫁、娶等活动进行了规范，"礼乐"由此转化为具有治理功能和教化意义的制度规范。孔子对周公制作的这套礼乐制度推崇备至，认为它是管理国家和社会的最佳范本，他说："周监于二代，郁郁乎文哉，吾从周！"（《论语·八佾》）但面对"礼崩乐坏"的社会现实，他又不得不对"礼乐"的内涵做出更深层次的思考。

在《论语·八佾》篇，孔子曾感叹说：

礼云礼云，玉帛云乎哉！乐云乐云，钟鼓云乎哉！

所谓的"礼崩乐坏"，并不是指社会上没有行礼奏乐的仪式，也不是指缺少玉帛、钟鼓等演奏礼乐的器具。相反，随着周王室政治与军事实力的衰落，原本供职于王室的文化官员流散到四夷之地，促进了当地礼乐文化的发展。据《论语·微子》篇记载："大师挚适齐，亚饭干适楚，三饭缭适蔡，四饭缺适秦，鼓方叔入于河，播鼗武入于汉，少师阳、击磬襄入于海。"这些乐师的流散对各国的乐舞种类与风格产生了重要影响。也就是说，"礼崩乐坏"并不是礼乐的消亡和缺失，反而在一定程度上表现为各国诸侯和贵族对礼乐仪式的普及与占有。但问题在于周朝的"礼乐制度"，除了是一种祭祀、丧葬、战争的仪式外，还是一种别贵贱、明尊卑的社会等级秩序。如《礼记·礼运》曰："礼者，君之大柄也，所以别嫌明微，傧鬼神，考制度，别仁义，所以治政安君也。"所以，"礼崩乐坏"真正指称的，是随着周王室的衰落和礼乐仪式的普及，不顾个人身份而僭用礼乐的行为越来越多，这使得"礼乐制度"的约束力逐步下降，它原本所能维持的社会秩序、治理体系亦随之混乱。

孔子认为，礼乐的制作，是圣人基于人情和理性的考量，绝不只是防止混乱、维持秩序那么简单。同样，"礼崩乐坏"也代表了这种内在考量的崩溃。

> 子曰:"人而不仁,如礼何!人而不仁,如乐何!"(《论语·八佾》)

在孔子看来,礼乐的本质应该是"仁"。《礼记·儒行》篇曰:"礼节者,仁之貌也……歌乐者,仁之和也。"礼与乐均以"仁"为核心,礼是"仁"的外在展现,乐是"仁"的和谐表征。《论语集解》注:"礼之所贵者,安上治民也;乐之所贵者,移风易俗也。"礼和乐的大用,正是通过这种"仁者爱人"的精神,维持社会秩序、改良社会风气。若失去了这种精神,则一切礼乐只是徒有其表。春秋时期的礼乐,虽然仍具礼乐的仪式,但各国国君与卿士多是将其作为彰显自身权势或献媚于祖先的一种方式,并无"仁者爱人"的精神灌注其中,因此也无法发挥治民易俗的大用。由此,我们说,"礼崩乐坏"的本质是统治阶层失去了"仁者爱人"的精神,使得礼乐只剩下空洞的形式与奢华的器具。

二 "礼崩乐坏"的具体表现

"礼乐"既然是周朝早期统治阶层治国化民的制度安排,那么"礼崩乐坏"最明显的表现就是原有秩序的崩坏。

> 孔子曰:"天下有道,则礼乐征伐自天子出。天下无道,则礼乐征伐自诸侯出。自诸侯出,盖十世希不失矣。自大夫出,五世希不失矣。陪臣执国命,三世希不失矣。"(《论语·季氏》)

依照周朝的制度,"制礼作乐""征伐不臣",这都是天子的特权。所以,在天下有道之时,"礼乐征伐"的命令均由天子发出,诸侯、卿大夫等皆听命于天子,各守其职,各行其礼,不敢僭越,整个天下秩序井然。等到天下无道之时,诸侯、卿大夫等就不再听命于天子,礼乐征伐的特权也由诸侯、卿大夫等自专擅行。他们僭越礼制,相互攻伐,使社会秩序遭到极大破坏。这种"礼崩乐坏"的政治样态,不仅使普通百姓承担了更多的税赋、经历了更多的战乱,也使整个统治阶层的长远利益受到威胁。

根据孔子的观察:

> 天下有道则礼乐征伐自天子出,天下无道则礼乐征伐自诸侯出。自诸侯出,盖十世希不失矣!自大夫出,五世希不失矣!陪臣执国命,三世希不失矣!天下有道则政不在大夫,天下有道则庶人不议。(《论语·季氏》)

僭越天子之位擅行礼乐征伐的诸侯,很少有十世之后还能保住诸侯之位的。僭越诸侯之位擅行礼乐征伐的大夫,很少有五世之后还能保住大夫之位的。大夫的家臣把持国家政令,很少有三世之后还能保住贵族地位的。僭越礼乐的为政者,在短时期内获得了更高的权力和更多的利益,但同时也起到了一个极坏的榜样作用,这为后来者僭越当前的执政阶层提供了参考。由此,"礼崩乐坏"愈演愈烈,成为春秋时代发生在各国的普遍现象。

在齐国,"礼崩乐坏"主要体现在孔子对管仲的感叹中。

> 子曰:"管仲之器小哉!"或曰:"管仲俭乎?"曰:"管氏有三归,官事不摄,焉得俭。""然则管仲知礼乎?"曰:"邦君树塞门,管氏亦树塞门;邦君为两君之好,有反坫,管氏亦有反坫。管氏而知礼,孰不知礼!"(《论语·八佾》)

管仲是齐国的贤臣、桓公的良相,曾辅助桓公称霸诸侯。但孔子认为,管仲的器量不够大,因为他被桓公重用却不能施行王道。管仲所归之家有三处,家臣各有专职、不相兼摄,有奢侈之嫌。管仲家里设有只有国君才可以设立的塞门和反坫,僭越了君臣之礼,是不知礼节的表现。可见,在春秋早期,以管仲为代表的齐国卿大夫阶层就出现了僭越礼乐的现象。

在鲁国,"礼崩乐坏"主要体现在孔子对以季氏为首的三家大夫的感叹中。

> 孔子谓季氏:"八佾舞于庭,是可忍也,孰不可忍也!"(《论

语·八佾》)

　　三家以《雍》彻。子曰:"'相维辟公,天子穆穆',奚取于三家之堂!"(《论语·八佾》)

　　季氏旅于泰山。子谓冉有曰:"女弗能救与?"对曰:"不能。"子曰:"呜呼!曾谓泰山不如林放乎。"(《论语·八佾》)

　　子曰:"禘,自既灌而往者,吾不欲观之矣!"(《论语·八佾》)

　　子贡欲去告朔之饩羊。子曰:"赐也,尔爱其羊,我爱其礼!"(《论语·八佾》)

　　"八佾"是由八八六十四人手执雉羽所跳的文舞,本是周天子祭祀太庙时所用的舞蹈。根据当时的礼制,天子用八佾,诸侯用六佾,大夫用四佾,士用两佾。鲁国因是周公后裔的封邑,周成王感念周公之德,特许鲁国可以世世代代以天子之礼祭祀周公。季氏是鲁桓公的后代,在鲁国居卿大夫之位,按照礼制,应该以四佾之舞祭祀家庙。然而季孙大夫却在家庙祭祀中使用"八佾"规模的舞乐,这是公然僭越天子之礼的行为。时隔不久,三家大夫在祭祀祖先时,又唱着《雍》来撤除祭品。《雍》是《诗经·周颂》的一篇,其中有"相维辟公,天子穆穆"一句,是说各国国君都来参加祭祀,充当天子的助祭,天子看起来是那样的温和肃敬。显然,这是一首天子祭祀宗庙的诗。[①] 而三家祭祀,主祭者既不是天子,助祭者也不是诸侯,所以也是僭越礼制的行为。孔子叹曰:"奚取于三家之堂",这种天子撤祭的诗怎么可以出现在三家大夫家庙祭祀的场合呢?又"季氏旅于泰山"。泰山位于齐鲁两国的交界,是天下之名山。依《礼记·王制》所载:"天子祭天下名山大川,诸侯祭名山大川之在其地者。"这就是说,在礼法上,只有周天子和齐国、鲁国的国君才有祭祀泰山的权力,季氏越礼祭祀是目无天子和国君的行为。所以,孔子感叹说:"林放尚且知道问礼,泰山之神又怎么会不如林放呢?"言下之意是:这种僭越礼制的祭祀,泰山之神是不会享用的。此外,孔子不欲观看鲁国"既灌之后的禘礼",也同样表现了该国礼乐的崩坏。据孔安国所注:"既灌之

[①] 程俊英:《诗经译注》,上海古籍出版社2006年版,第475页。

后，列尊卑，序昭穆，而鲁逆祀，跻僖公，乱昭穆，故不欲观之矣。"①意思是：在灌礼之后，本应根据历代祖先的尊卑先后顺序进行祭祀，但鲁文公听信夏父弗忌的谗言，将其父僖公的神主列在闵公之前，是为逆祀，故孔子讥之。"尔爱其羊，我爱其礼"，则是孔子感叹鲁国朔礼的废弃。根据朱熹的考证，"告朔之礼"是古代的一种制度，天子在季冬时把来年的历书颁布给诸侯，历书中记载了该年有无闰月，每月第一天（朔日）是何时等，因此被称为"颁告朔"。②诸侯接受历书后，将它收藏在自己国家太庙中，每月初一杀一只活羊祭告，然后回到朝廷听政。然自鲁文公开始，鲁君的"告朔之礼"逐渐荒废，每月初一，鲁君既不到太庙祭告，也不到朝廷听政，只宰杀一只活羊应付了事。所以，子贡认为，既然"告朔之礼"已不举行，何必还要每月再杀一只羊呢。孔子感叹说："子贡啊，你可惜的是每月杀一只羊，我可惜的是'告朔之礼'的荒废啊！"

第二节 "时无君子"之叹

在先秦儒家的视域下，"君子"通常有两种含义：一是指身居上位的统治者，如"君子之德风"，"君子思不出其位"即是。二是指具有美好德行的人，如"君子怀德"，"君子坦荡荡"即是。

按照孔子的为政理念，身居上位的统治者应该是具有美好德行的君子。因为只有这样，为政者在推行"德治"时，才会得到百姓的拥护，进而促进良风美俗的形成。但在"礼崩乐坏"的春秋时期，有德有位的君子少之又少。各国国君欲以霸道称雄天下者多，而欲以王道利益苍生者少。相较于人民的生活与幸福，他们显然更关心财富的聚敛、领土的兼并、军队的扩充等。

"时无君子"之叹，正是孔子对彼时居于上位的统治者不具备美好的德行，鲜少能施行王道政治的感叹。这些感叹具体可分为三种：一是从总体上感叹"时无君子"的概况。二是游历到某国后，通过对该国政治状

---

① （清）刘宝楠：《论语正义》，中华书局1990年版，第93页。
② （宋）朱熹：《四书章句集注》，中华书局2012年版，第66页。

况和执政者德行的观察,感叹该国的执政者不是君子。三是游历列国后,孔子从自身境遇出发,感叹"时无君子"。

一 "时无君子"的概况之叹

不同于上古尧舜时期的禅让制度,周朝的贵族阶层以"嫡长子继承制"作为权力传承的主要方式。身为没落贵族的后裔,孔子若想通过办政治来利益天下,就必然要经过贤君明主的任用。因此,"得君行道"是伴随孔子一生的重要主题。他周游列国,席不暇暖,奔波在外十余年,"累累若丧家之犬",无非是为了遇到一个能重用他的明君。但受时局的影响,孔子终其一生也未能寻到"得君行道"的机会。因此,他对"时无君子"的时代状况颇为感慨。

> 子曰:"圣人,吾不得而见之矣!得见君子者,斯可矣!"(《论语·述而》)

如果圣人在位,如尧居于天子之位,文王居于诸侯之位,他们自身具备良好的德行,又有合乎中道的为政方法,自然可以把王道政治推行到天下。贤者生逢其时,可以辅助圣人推行王道,如伯益佐帝尧,姜尚佐文王。如果君子在位,如周成王居于天子之位,齐桓公居于诸侯之位,他们的道德境界虽然远不及圣人,但是他们有合乎中正之道的心,也识得人才,所以也能在他人的帮助下推行王道政治。贤者生逢其时,能得到君子的信任与倚重,也能一展抱负,行道于天下,如周公相成王,管仲相桓公。孔子一生想要"得君行道",却没有遇到真正认可他的政治主张、愿意任用他来推行王道的君主。因此,他不无感慨地说:"圣人我是很难遇到了,能遇到有德有位的君子,也就可以了。"何晏注:"此章疾世无明君也","非但无圣人,亦无君子也。"[①]

孔子认为,彼时的为政者,不仅没有圣人和君子,就连最次一等的士也算不上。

---

① (三国)何晏、(宋)邢昺:《论语注疏》,中国致公出版社2016年版,第106页。

子贡问曰:"何如斯可谓之士矣?"子曰:"行己有耻,使于四方,不辱君命,可谓士矣。"曰:"敢问其次。"曰:"宗族称孝焉,乡党称弟焉。"曰:"敢问其次。"曰:"言必信,行必果,硁硁然小人哉,抑亦可以为次矣。"曰:"今之从政者何如?"子曰:"噫,斗筲之人,何足算也!"(《论语·子路》)

在这段话中,孔子将"为政之士"分为三等:第一等的"士"用羞耻之心约束自己的行为,出使外国时,可以很好地完成外交使命。第二等的"士"能行孝悌之道,宗族之人都称赞他孝顺父母,乡党之人都称赞他尊敬长辈。第三等的"士"能做到忠信不移,他的言语信实,做事坚决,这已经是不懂得言行要配合道义、因时变通的"小人"了,但依然可以勉强算作"士"。至于今天的从政者,孔子感叹说:"他们只可称作是'斗筲之人',连'士'也算不上。"朱熹注:"斗,量名,容十升。筲,竹器,容一斗二升。"[1] 两者都是容量之小者。孔子用"斗筲之人"比喻当下从政者见识浅薄,没有远见卓识,度量狭小,不能任贤使能。

那么,在这种圣人、君子不能得见,"斗筲之人"执掌朝政的时代,什么样的人能够大行其道呢?孔子说:

不有祝鮀之佞,而有宋朝之美,难乎免于今之世矣!(《论语·雍也》)

祝鮀,字子鱼,有口才,是卫国的大夫。宋朝,即宋公子朝,有美色,出奔在卫。皇侃引范甯云:"祝鮀以佞谄被宠于灵公,宋朝以美色见爱于南子,无道之世,并以取容。"[2] 孔子不无感慨地说:"在当今这个时代,如果没有像祝鮀那样的佞口,或者宋朝那样的美色,恐怕是很难免于灾祸的了。"钱穆指出,本章的重点不在于祝鮀和宋朝,而在于佞口与美色。[3] 当时的社会正处于衰世,各国的执政者都喜欢佞口或美色,而怀道

---

[1] (宋)朱熹:《四书章句集注》,上海古籍出版社2006年版,第189页。
[2] 程树德:《论语集释》,中华书局2013年版,第513页。
[3] 钱穆:《论语新解》,九州出版社2011年版,第142页。

救世的忠正之士却很少得到重用。即使有被重用的，也多因直言直行获罪，很少有善始善终、免于灾祸的。

综合上述分析，可以看出：在这样一个"礼崩乐坏"的时代，为政者的道德素养和为政能力与他们的先辈已不可同日而语。这个时代不仅没有"圣人""君子"在位，就连可以称得上"士"的执政者也寥寥无几。在这种社会风气下，为政者大都只重视自家私利，喜欢满口谄媚和相貌俊美的臣子。礼崩乐坏、时无君子，孔子不用于世也就不足为奇了。

二 "时无君子"的个案之叹

虽然身处为政条件堪忧的大环境中，但孔子依然是一个"勉强有为"的入世派。他说："鸟兽不可与同群，吾非斯人之徒与而谁与？天下有道，丘不与易也。"（《论语·微子》）言下之意是：一个心怀治世之道的人，在天下无道之时，选择离群索居，这是不可取的。正因为天下无道，所以"我"才栖栖遑遑地奔走，想要让它变得有道，如若天下有道，就不需要我们周流四方，寻找行道的机缘了。正是怀着这种"勉强行道"的淑世精神，孔子离开鲁国后，先后到过齐、卫、蔡、陈、楚等国，不断寻求入世的机会。但限于时代状况，他的主张未能得到认可，故多有"时无君子"的感叹。

在孔子的出生地鲁国，孔子"时无君子"的叹辞主要是关于季氏。

> 季氏将伐颛臾。冉有、季路见于孔子曰："季氏将有事于颛臾。"孔子曰："求，无乃尔是过与？夫颛臾，昔者先王以为东蒙主，且在邦域之中矣，是社稷之臣也。何以伐为？"冉有曰："夫子欲之，吾二臣者皆不欲也。"孔子曰："求，周任有言曰：'陈力就列，不能者止。'危而不持，颠而不扶，则将焉用彼相矣？且尔言过矣。虎兕出于柙，龟玉毁于椟中，是谁之过与？"冉有曰："今夫颛臾，固而近于费。今不取，后世必为子孙忧。"孔子曰："求，君子疾夫舍曰欲之，而必为之辞。丘也闻：有国有家者，不患寡而患不均，不患贫而患不安。盖均无贫，和无寡，安无倾。夫如是，故远人不服，则修文德以来之。既来之，则安之。今由与求也，相夫子，远人不服而不能来也，邦分崩离析而不能守也。而谋动干戈于邦内。吾恐季孙之忧，

不在颛臾，而在萧墙之内也！"(《论语·季氏》)

襄公之后，鲁国的军政大权一直把持在以季氏为首的三家大夫手中。他们不断以各种名义侵害公室利益，充实私家军队，扩张地盘、聚敛财富，僭越礼乐的事时有发生。颛臾，国名，是伏羲之后、风姓之国，本是鲁国的附庸，彼时臣属于鲁国。季孙大夫贪求颛臾的土地，想要以为后世解决边患为借口，灭其国而占其地。孔子说："有国的诸侯和有家的卿大夫，时刻应该忧虑的是财富分配问题和官民关系问题。因为只有财富分配得当才不会出现贫穷，上下相安无事才不会招致倾覆之祸。远方之人不来归服，就修养德行使其来归。如今季氏无德而远人不服，国内人心分崩离析而有倾覆之祸，却还要讨伐这些臣属于鲁国的附庸，我恐怕季孙的忧患不是颛臾，而是在其萧墙之内。"显然，在孔子看来，鲁国的执政者季孙大夫不是有德的君子。

在与鲁国相邻的齐国，孔子也曾对齐景公发出过类似的感叹。他说：

齐景公有马千驷，死之日，民无德而称焉。伯夷、叔齐饿于首阳之下，民到于今称之。其斯之谓与？(《论语·季氏》)

"有马千驷"是指齐景公蓄养的马匹数量达四千多匹。根据《四书释地又续》的考证，周天子有马十有二闲。其中，良马十闲，两千一百六十匹；驽马二闲，一千二百九十六匹，共三千四百五十六匹。诸侯有马六闲，共一千二百九十六匹。这些马不属于个人财产，都是供给公家使用，并用来赐予臣子的。而齐景公"地大于王畿盛时，性又惟狗马是好，故畜多如是"[①]。"齐景公有马千驷"，除了说明齐景公对周朝礼制的僭越，还说明他的私生活非常奢侈，性格十分贪婪。"民无德而称焉"说明景公在任时，很少做利民惠民的事业，人民对他没有什么可称赞的。这种极重个人享受而置民生于不顾的君主，显然不是有德的君子。伯夷、叔齐是殷商末年孤竹国国君的两个儿子，他们因兄弟让国而隐居到首阳山下，以采薇为食，他们的德行至今还被人民称赞。皇侃疏："多马而无德，亦死即

---

① 程树德：《论语集释》，中华书局2013年版，第1497—1498页。

消；虽饿而有德，称义无息。"通过与伯夷、叔齐的比较，更凸显出齐景公的无德。

孔子进一步指出，即使在"多君子"的卫国，其执政者依然不是有德的君子。

> 子曰："已矣乎，吾未见好德如好色者也！"（《论语·卫灵公》）

此言卫国国君卫灵公。根据《史记·七十二弟子解》的记载，卫灵公宠幸夫人南子。孔子游历到卫国时，曾随卫灵公出行。灵公携南子乘一车在前，让孔子另乘一车在后，一行人浩浩荡荡，招摇过市。孔子见灵公不以国事为重，不重视往来之君子，却整日带着夫人四处招摇，所以感慨地说："吾未见好德如好色者也！"意思是：我尚未见到喜欢美德像喜欢美色一样的人。又据《论语·宪问》所载："子言卫灵公无道也。康子曰：'夫如是，奚而不丧？'孔子曰：'仲叔圉治宾客，祝鮀治宗庙，王孙贾治军旅，夫如是，奚其丧？'"卫灵公虽然无道无德，但他有仲叔圉帮忙处理外交事务，有祝鮀管理祭祀事务，有王孙贾治理军队事务，三人都各尽其用，又怎么会有丧国之患呢？由此可见，卫灵公是可以做到知人善用的，他的缺点是德行不够，不能将公家利益置于私人利益之上，因此也不能任用贤者推行王道。

事实上，在战乱纷杂、"礼崩乐坏"的春秋时期，无道、无德的执政者又岂止是三家大夫。桀溺说："滔滔者，天下皆是也"（《论语·微子》），在这一特殊的时代，执政者鲜少具有美好的德行。

三 "时无君子"的境遇之叹

这种"时无君子"的时代状况，也使得孔子"得君行道"的政治理想难以付诸实践。因此，他也有不少关于自身境遇的感叹。

在《论语·子路》篇，孔子说：

> 苟有用我者，期月而已，可也！三年有成。

根据《史记·孔子世家》所载，这是孔子居于卫国时，见灵公年老志衰、怠于政事，不能用己而有感而发。"期月"指一周年。孔子说："若有执政者肯用我治国，哪怕只有一年，就可以初见成效。三年就能有所成就。"从孔子在鲁国为政的效果来看，这样的陈述比较符合事实。《孔子家语·相鲁》中有这样一段记载："（孔子为政）三月，则鬻牛马者不储价，卖羊豚者不加饰，男女行者别其涂，道不拾遗。男尚忠信，女尚贞顺。四方客至于邑者，不求有司，皆如归焉。"在《左传》所载的"夹谷之会"中，孔子担任鲁君相礼（司仪），面对齐君的威胁，他以正义之辞使之折服，并使齐国归还了郓、讙、龟阴三地的田地。显见，在为政方面，孔子确实有治国的才能与外交的手段。但问题在于，孔子通过为政，想要达到的目标是行道于天下，使人民生活富足并受到礼乐的教化。这并不能为统治阶层带来眼见可及的利益，也很难在弱肉强食、战争频繁的春秋时期，帮助他们不断扩张土地、人口和军队。因此，各国执政者表面上尊重孔子，赞叹他恢复周礼的主张，暗地里却不以为然，称其是迂腐不知变通的腐儒。在这种强兵霸权成为时代主流的情况下，孔子恢复周礼、推行王道的政治主张，确实很难有市场。

游历列国后，在返回卫国的途中，他感叹道：

归与！归与！吾党之小子狂简，斐然成章，不知所以裁之。（《论语·公冶长》）

朱熹注："此孔子周流四方，道不行而思归之叹。"[①] 从为政的角度来说，正是因为在游历列国的过程中，孔子发现各国执政者都不是有为之君，所以不得已而兴起归鲁的念头。"归与，归与"，反复吟叹，无奈之至，从侧面说明了"时无君子"，难以"得君行道"的时代状况。

第三节　为政原则之叹

为政是儒家"外王"之道的基本路径。孔子主张从自身的道德修养出发，通过"修己以敬""修己以安人""修己以安百姓"的方式，建立

---

① （宋）朱熹：《四书章句集注》，上海古籍出版社2006年版，第103页。

一套以"德"为主体的治国之道。那么,在"孔子之叹"中体现了哪些治国原则呢?我们试看下面的论述。

一 "以德治国"的为政原则

孔子曾论述他的治国方略说:

> 道之以政,齐之以刑,民免而无耻;道之以德,齐之以礼,有耻且格。(《论语·为政》)

在孔子看来,为政的方略主要有四种:"政""刑""德""礼"。其中,"政"指政令,"刑"是刑罚,"德"是道德,"礼"是礼仪规范。孔子指出,如果为政者以颁布政令的方式领导人民,如若不从,就用刑罚来整饬他们。这样为政的结果是:人民会为了免于刑罚而遵从政令,但不会因为做了坏事而产生羞耻之心。相反,如果为政者用道德来引导人民,遇到不从的情况时,就用礼仪来规范他们的行为。这样为政的结果是:人民会产生廉耻之心,把犯罪当作一件十分可耻的事情,并且最终能够导归于正。显然,相较于政令与刑罚,道德和礼仪才是治国的关键。

在《论语·为政》篇中,孔子曾就"以德为本"的为政原则发出过感叹。

> 子曰:"为政以德,譬如北辰,居其所,而众星共之!"

"北辰",谓北极星。"共"通"拱"。在孔子看来,国家政治本乎道德,如果君主能以德治国,就会得到臣民的拥护,就像北极星安住其所,被众星围绕拱卫一样。但"以德治国"的实践路径"居其所",并不是指人君只需要修养好自身的道德就能把天下治理好,而是更加看重人君德行的感召作用。钱穆指出:"居其所,犹云不出位,自做己事"[①],它的真正含义是人君做好自己的份内之事,如舜的"无为而治"。何晏解释说:"任官得其人。"舜有良好的德性,他以之感召,选用人才,以禹为司空,

---

① 钱穆:《论语新解》,九州出版社2011年版,第21页。

以弃为后稷,以契为司徒,以皋陶为士,以益为虞官等。所用既得其人,舜才能存恭敬之心,坐镇在王位上,实现"无为之治"。也就是说,为政治国应该以德为本,在此基础上还要有任贤使能的肚量和能力,如此才能"居其所而众星共之"。

"以德治国"的为政原则,不仅体现为执政者应该以"德"或"仁"作为治国的总纲领,通过推行王道来进行道德教化,还体现为具有一定影响力的君子发挥某些具体的道德条目来修养己身,感召他人。例如:

> 或谓孔子曰:"子奚不为政?"子曰:"书云:'孝乎惟孝,友于兄弟,施于有政。'是亦为政,奚其为为政!"(《论语·为政》)

有人认为,只有居位为政的君子才算是为政。孔子告诉他,为政不见得一定"居于其位"。在家时,好好地孝顺父母、友爱兄弟,并且将这种孝弟之道推而广之,感化他人,这也是为政的一种方式。

从历史上看,帝舜是践行"孝弟之道"的最好代表。他的"父顽,母嚚,弟傲",多次想要置他于死地。但他每次都能顺利逃脱,而且仍然事父母以孝,爱弟弥谨,以"孝弟之道"和谐家庭。正缘于此,他年仅二十岁即以孝弟闻名,三十岁就被"四岳"推举为帝尧的接班人。及其登上帝位,帝舜乃以"孝弟"治理天下,举荐"八元",使他们布五教于四方,使"父义、母慈、兄友、弟恭、子孝、内平外成",实现了黎民百姓的教化。后世汉朝更是将"以孝治天下"作为治国的基本方略。他们采用举孝廉、奖励孝行、惩罚不孝、慎终追远等方式进行"孝弟之道"的教化,旨在通过建立父慈子孝、兄友弟悌的和乐家庭,实现社会秩序的和谐与稳定。

在《孝经·广要道》中,孔子说:"君子之事亲孝,故忠可移于君。事兄悌,故顺可移于长。居家理,故治可移于官。是以行成于内,而名立于后世矣。"君子好好地修养"孝弟之道",确实可以起到上行下效的作用,对百姓的教化和社会风气的改良具有积极的影响。

二 "礼让为国"的为政原则

"以德为本"虽然是孔子为政的总原则,但对于普通百姓而言,"德"

的概念与内涵并不容易理解。因此,孔子在提倡"以德治国"的同时,也主张"为国以礼",也就是将礼仪规范作为治国的重要手段。

> 子曰:"能以礼让为国乎,何有!不能以礼让为国,如礼何!"(《论语·里仁》)

在这段话中,孔子指出:"如果人君能以礼让治国,那么治国又有什么困难呢?如果人君不能以礼让来治国,使礼失去了让的本质,那么纵然有礼,又怎能恰当地运用呢?"这表明"让"是"礼"的本质,而"礼让"则是治国的关键。在《左传·襄公十三年》中,左丘明借君子之口对"礼""让"的关系及其在治国中的作用做了详尽的阐释。

> 君子曰:"让,礼之主也……世之治也,君子尚能而让其下,小人农力以事其上,是以上下有礼,而谗慝黜远,由不争也,谓之懿德。及其乱也,君子称其功以加小人,小人伐其技以冯君子,是以上下无礼,乱虐并生,由争善也,谓之昏德。国家之敝,恒必由之。"

这就是说,"让"是"礼"的根本。人类社会之所以有"治世"与"乱世"之分,都在于执政者能否"以礼让为国"。如果执政者能够崇尚贤能,以谦让的态度对待他的臣属和人民,他的臣属和人民就会通过努力工作来回馈他们的长上,这样上下之间彼此以礼相待,那么奸邪之辈就不会得到执政者的重用,整个国家就能够有条不紊、井然有序,这正是"礼让为国"的缘故。相反,如果执政者喜欢夸耀自己的功劳,使自己凌驾于臣属和人民之上,他的臣属和人民也会喜欢夸耀自己的能力和技艺,觉得执政者也没什么了不起,这样上下之间彼此尊己卑人,不能以礼相待,喜欢溜须拍马的小人就会大行其道,整个国家的秩序也会日趋混乱,成为国家衰亡的开始,而这也正是不能以"礼让为国"的缘故。

此外,荀子还从"制欲"的角度说明了"礼让"的重要性。他说:

> 人生而有欲,欲而不得则不能无求,求而无度量分界则不能不

争，争则乱，乱则穷。先王恶其乱也，故制礼义以分之，以养人之欲，给人之求，使欲必不穷于物，物必不屈于欲，两者相持而长，是礼之所起也。(《荀子·礼论》)

在荀子看来，"礼"成立的根源是人类生来就有的欲望。圣人制礼作乐正是为了合理满足人们的需求和欲望。因为如果没有礼仪来规范社会秩序，人们就会为了满足自己的欲望，不择手段地争相夺取各类财物和权力，这样就会引起社会秩序的混乱，最终导致人类文明的败亡。所以，通过礼仪的制定，执政者可以使社会上形成谦让的风气，使最需要满足的欲望优先得到满足，使人类社会运行良好，更好地满足更多人的需求。由此看来，"礼让为国"确实是治国理政最重要的原则之一。

三 "正人先正己"的为政原则

除了"以德治国"和"礼让为国"，孔子还针对统治阶层提出了"正人先正己"的为政原则。

他主张上位者应该通过加强自身修养，以身作则，来引导教化民众。在《论语·子路》篇中，孔子的一句感叹体现了这一观念：

子曰："苟正其身矣，于从政乎何有！不能正其身，如正人何！"

"正身"指端正自身的言行。在孔子看来，身居上位的执政者如果能够端正自我的言行，那么他在为政时，就没有什么困难了。如果执政者不能端正自身的言行，那么他又如何要求别人端正自我的言行呢。对于这种"正人先正己"的原因，孔子进一步做出了解释：

其身正，不令而行；其身不正，虽令不从。(《论语·子路》)

言行端正的执政者，在为政之时，大都合乎规矩，合乎理性，合乎人情，容易得到民众的拥护。因此，即使他不发布教令，人们也愿意按照他的意愿行事。反之，言行不正的执政者，在为政办事时，缺乏公心、不合规矩，为了一己之私不惜侵犯民众的利益。因此，即便他三令五申地要求民众做事，民众也不愿意服从。

季康子问政时，孔子又对"正人先正己"的为政原则进行了详细阐述。

> 季康子问政于孔子。孔子对曰："政者，正也。子帅以正，孰敢不正？"（《论语·颜渊》）

为政的本质就是端正己身。如果执政者能够言行端正、以身作则，谁又敢不端正己身呢？《礼记·大学》曰："尧、舜率天下以仁，而民从之；桀、纣率天下以暴，而民从之。其所令反其所好，而民不从。"

此外，孔子认为，执政者也是通过"正人先正己"的原则选拔官员的。《左传·襄公十三年》："范宣子让，其下皆让，栾黡为汰，弗敢违也。"由此看来，为政者要想实现政通人和、人民富裕、国家富强的为政目标，首先要做的就是端正己身，以身作则。所以，在季康子请教孔子消灭盗贼的方法时，孔子回答说："如果您不贪求过多的财货，就算奖励偷盗，也不会有人干。"言下之意是：盗贼之所以猖獗，是因为执政者过分追求物质的享受。如果执政者不以这种物质的享受为乐，上行下效，百姓也会以过分地贪求为耻，不会出现过多的盗贼。当季康子提出通过杀掉恶人来成就善人的为政方法时，孔子说："哪里用得着杀人呢？君子的德行就像是风，百姓的德行就像是草，风从远方吹来，草就会顺着风吹的方向仆倒。"① 也就是说，为政之道还是要以道德感化为主，只要执政者端正己身、以身作则，老百姓自然也会效仿执政者，最终导归于正。

四 "知人用人"的为政原则

虽然执政者可以通过"为政以德""礼让为国""正人先正己"等方式，对百姓形成巨大的道德感召，从而推动政令的颁布和教化的施行，但这并不意味着治国不需要贤才的辅佐。事实上，在"以德治国"的前提下，只有懂得"知人用人"，才能以最小的领导行为取得最大的治理效

---

① 杨伯峻：《论语译注》，中华书局2009年版，第127页。

果，也就是孔子所谓的"无为而治"。

关于"知人用人"的为政原则，我们可以从孔子与仲弓、樊迟的对话中窥得一斑。

> 仲弓为季氏宰，问政。子曰："先有司，赦小过，举贤才。"曰："焉知贤才而举之？"曰："举尔所知。尔所不知，人其舍诸！"（《论语·子路》）

根据皇侃的考察，此章为仲弓即将上任费邑邑宰时，孔子对他的教诲。孔子认为，为政的要点有三："先有司""赦小过""举贤才"。"先有司"指首先分配邑宰之下的各项职务，使各类官员各司其职，办事有序。"赦小过"指下属官员在办事过程中，难免会出现小的过失，这时为政者应该选择宽宥他们，并褒奖有功之人。"举贤才"指举荐有才能的贤者，作为自己得力助手，完成政府委派的任务。崔述指出，三者中以"举贤才"最为重要。因为"先有司"离不开贤才。只有"有司"所对应的各项职务各得贤才，才能把各项政务处理得井井有条，使宰邑"身不劳而政毕举"。"赦小过"是为了留住贤才。只有上司官员可以宽恕小过，下属官员才不会因为害怕失误而畏首畏尾，由此，贤才也能真正发挥价值。对于"举贤才"的方法，孔子认为，只需"举尔所知"，举荐自己所知道的贤才就可以了。因为为政者举荐并重用自己所知道的贤才，重贤名声远播后，势必使他人也来举荐。这样"重贤"的风气养成后，自然能够吸引贤才前来归附。

这种"知人用人"的为政原则，不仅适用于一邑，而且适用于一国，乃至于天下。

> 樊迟问仁。子曰："爱人。"问知。子曰："知人。"樊迟未达。子曰："举直错诸枉，能使枉者直。"樊迟退。见子夏曰："乡也，吾见于夫子而问知。"子曰："举直错诸枉，能使枉者直。何谓也？"子夏曰："富哉，言乎！舜有天下，选于众，举皋陶，不仁者远矣。汤有天下，选于众，举伊尹，不仁者远矣。"（《论语·颜渊》）

在这里，孔子认为只有具备"知人用人"的能力才能称得上智者。樊迟不了解。孔子进一步解释说："选拔正直的人，将他们安置在枉曲之人上面，能够使枉曲之人学为正直之人。"樊迟依旧不理解。子夏乃以帝舜和商汤"知人用人"的例子做出说明：虞舜登上帝位后，他知道皋陶是位仁者，就把他从众人中选拔出来担任士师一职，不仁之人便都离帝舜而去；商汤登上帝位后，他知道伊尹是位仁者，就把他从众人中选拔出来担任右相一职，不仁之人便离商汤而去。可见，"知人用人"也是古之圣王的为政手段。通过"知人用人"，将贤者从人群中选拔出来，担任重要的职位，一方面可以形成重视贤才的社会风气，使更多的贤者愿意进入统治阶层，为政治事务的处理贡献力量；另一方面将德才兼备的贤者置于众人之上，能够起到很好的典范作用，从而有利于民众的规训与教化，促进良风美俗的形成。

第四节　为政次第之叹

孔子是中国古代伟大的思想家、政治家。他的政治思想，不仅涵盖了统治阶层的为政原则，而且对为政的次第进行了深入思考。下面拟从"孔子之叹"出发，探究孔子叹辞中所体现出来的为政次第。

一　"必也正名"的为政前提

为政之要首在"正名"。

> 子路曰："卫君待子而为政，子将奚先？"子曰："必也正名乎。"子路曰："有是哉，子之迂也。奚其正？"子曰："野哉，由也！君子于其所不知，盖阙如也。名不正则言不顺，言不顺则事不成，事不成则礼乐不兴，礼乐不兴则刑罚不中，刑罚不中则民无所措手足。故君子名之必可言也，言之必可行也。君子于其言，无所苟而已矣。"（《论语·子路》）

"卫君"指卫灵公的孙子出公辄，其父蒯聩是灵公太子。灵公夫人南子与宋公子朝淫乱，蒯聩发现后深以为耻，欲杀之，事败而逃往宋国。灵公欲立公子郢为太子，郢据辞不受，卫人于是立蒯聩之子辄为太子。其后，蒯聩在晋国赵鞅的支持下返回卫国戚邑，居住于此，觊觎君位。父子间围绕君位展开了一系列的政治斗争，史家称之为"父子争国"。孔子在鲁哀公六年时，由楚国返回卫国，时卫君辄已即位四年，孔子的弟子高柴、子路等均为辄之臣子。子路请教孔子，"如果卫君要您辅助他治国，您将以何事为先？"孔子回答说："正名。"也就是正出公辄与蒯聩的父子之名。子路不以为然，于是孔子阐释了"正名"的重要性：

"名不正则言不顺"，名称与事实应当是相符的，如果二者出现偏差，就会出现言辞的错误。对应到为政方面，如果执政者没有与其地位相符合的名分时，那么他所说的言辞、所颁布的政令就难以得到实施。"言不顺，则事不成"，执政者所说的言辞、所颁布的政令不能顺理成章，那么他所承办的事业就很难成功。"事不成则礼乐不兴"，普通的事业尚且难以成功，更何况是推行礼乐、化成天下这种大事呢？"礼乐不兴则刑罚不中"，礼乐的教化不能得到很好地推行，刑罚的实施就容易出现不恰当的状况。"刑罚不中则民无所措手足"，刑罚不恰当，人民就会手足无措，不知道什么该做，什么不该做。所以，君子为政必须正名，只有名实相符，所说的话、所颁布的政令才能顺理成章，他想要推行礼乐教化时，才能够行得通、做得到。

二 "庶、富、教"的为政次第

以"正名"思想为前提，孔子的为政之道中还包含着一整套的为政次第。游历到卫国时，孔子与冉有发生了一段对话。在对卫国的赞叹中，孔子对他的为政次第进行了说明：

> 子适卫，冉有仆。子曰："庶矣哉！"冉有曰："既庶矣，又何加焉？"曰："富之。"曰："既富矣，又何加焉。"曰："教之。"（《论语·子路》）

所谓"庶"，指的是人民众多，这是办理政治初具成效的一种表现。此处之所以人民众多，一方面说明这里没有"苛政"。自古以来，繁重的赋税与苛刻的政令都会给人民生活造成巨大的负担。《礼记·檀弓》曰：

"苛政猛于虎也!"苛政吃人,威胁人类的生存比老虎还要厉害。没有"苛政"的危害,人民才能在此地生存下来。另一方面说明这里的政治比较清明。《礼记·缁衣》曾援引一段逸诗:"昔吾有先正,其言明且清,国家以宁,都邑以成,庶民以生。"只有政治清明,为国者懂得"财散则民聚"的道理,国家才能够安定下来,都邑才可以建立起来,人民才可以较好地生存下来。可以说,政治清明、不施苛政是治国的第一步。达到这一步,当地的百姓就能繁衍生息,外地的百姓就会前来归附,这样该地自然人民众多。

所谓"富",指的是人民富足,这是政治发展到较高层次的一种表现。孟子曾对"人民富足"的状况做过较为具象的描述:"是故明君制民之产,必使仰足以事父母,俯足以蓄妻子,乐岁终身饱,凶年免于死亡。"(《孟子·梁惠王》上)也就是,使人民都拥有足够的财产,能够在丰收之年和饥荒之年都衣食无忧、免于冻馁。至于使"人民富足"的方法可分为两种:一是"节用以礼"。人民所缴的赋税是国家财政收入的主要来源,如果为国者按照一定的法度收取赋税,并且在使用时以礼自节,那么百姓所缴纳的赋税就会得到有效利用,国家和人民就可以资财有余。反之,如果为国者奢侈浪费,不懂得节用以礼,就容易陷入横征暴敛的状况,从而导致人民贫困、田瘠不治。二是"以政裕民"。施行利民的仁政能够使百姓富裕,具体措施包括减轻农田税赋,平去关口和市场的苛征,减少不必要的工程修建,使用民力时避开农忙等,如此百姓能够更好地劳作和生产,自然资财有余。《礼记·大学》说:"生之者众,食之者寡,为之者疾,用之者舒,则财恒足矣。"为政者于己"节用以礼",于民"以政裕民",所得的结果就是人民富足,"财恒足也"。

所谓"教",指的是礼乐的教化。对资财有余的人民施以道德教化,是政治发展到最高层次的表现。孟子说:"饱食、暖衣、逸居而无教,则近于禽兽"(《孟子·滕文公》上),认为是否接受教化是人类与禽兽的主要区别。儒家教化的内容通常以"五伦"为根本,通过教化使"父子有亲,君臣有义,夫妇有别,长幼有序,朋友有信",完成良好的家庭秩序与社会秩序的建构。其次为"六经"的教化。孔子说:"入其国,其教可知也。其为人也,温柔敦厚,《诗》教也;疏通知远,《书》教也;广博易良,《乐》教也;洁静精微,《易》教也;恭俭庄敬,《礼》教也;属辞比事，《春秋》教也。"①"六经"的教化可以把儒家所推崇的道德伦理贯穿到人民生活的各个方面，从而有利于各地区良风美俗的形成。"中庸"之德应该是儒家最高层次的教化。孔子感叹说："中庸之为德也，其至矣乎？民鲜能久矣！"（《论语·雍也》）就是说，"中庸"是古圣教民的最高道德标准吧？由于风俗败坏，久无明君在位，一般民众已经鲜有能行中庸之道的人了。教化的方法既包括为政者的以身作则，如"上好礼，则民易使也"（《论语·宪问》）；也包括祭礼、丧礼等礼乐仪式的举行，如曾子说："慎终追远，民德归厚矣"（《论语·学而》）；还包括地方学校的兴办，如孟子说："谨庠序之教，申之以孝悌之义，颁白者不负戴于道路矣"（《孟子·梁惠王》上）。

可见，通过礼乐教化，可以使国内关系得到和谐，社会秩序井然，人民过上富足而文明的生活。此即孔子为政的理想阶段。

三 "信、食、兵"的为政侧重点

除了为政的先后次第，孔子之叹中还包含着为政的侧重点。子贡问政时，孔子对这一问题进行了阐述：

> 子贡问政。子曰："足食、足兵，民信之矣！"子贡曰："必不得已而去，于斯三者何先？"曰："去兵。"子贡曰："必不得以而去，于斯二者何先？"曰："去食。自古皆有死，民无信不立。"（《论语·颜渊》）

"足食"指衣食无忧。"足兵"指建设国防。"民信之矣"则是通过教化使人民对为政者充满信心。这一顺序与上文的为政次第具有相当的一致性。抑或，教化的施行是建立在人民"衣食无忧"的基础上。政治首先要解决的问题就是人民的温饱问题，其次才是国防、教化等其他问题。但子贡接下来的问题是：必不得以而去之，三者中应以何事为先。这其实是一个为政侧重点的问题。

孔子认为，"食、兵、信"三者中，如果不得以而去之，可以先去

---

① （汉）孔安国：《孔子家语》，上海古籍出版社2019年版，第287页。

"兵"。朱熹注："言食足而信孚，则无兵而守固矣。"① 这是说一个国家或一座城邑，如果仓廪丰实，人民对为政者十分信服，没有反叛之心，那么即使没有军队驻扎，其国其城依然可以得到很好的守卫。

再不得以而去之，在孔子看来，可以去"食"，唯有信不能去，因为"民无信不立"。孔安国注："死者古今常道，人皆有之，治邦不可失信。"② 人民没有食物就会死亡，因此在饥荒之年，为政者应该"去食"，也就是打开仓廪救济人民。但如果为政者失去了人民的信任，就无法立国立家，整个社会就会陷入混乱，最终导致国家的灭亡。自古以来每个人都会死，虽然眼下没有足够的食物，但只要人民信任政府，就可以与政府共渡难关，从而保证国家与文明的延续。但如果去掉"信"，为政者与人民就会上下离心。纵使没有外患，国家内部也会出现混乱，并最终走向衰亡。所以"民无信不立"，对人民实施教化和治理的政府也"无信不立"，由人民、政府、文化、领土等组成的国家也"无信不立"。

四 "无讼"的为政目标

通过"庶、富、教"的为政次第，孔子希望达到的为政目标，反映在"孔子之叹"中，就是"无讼"的社会状况：

> 子曰："听讼，吾犹人也。必也，使无讼乎。"（《论语·颜渊》）

"听讼"指的是为政者通过听取诉讼双方的言辞来分析案情。孔子曾在鲁国担任司寇一职，有治理刑事的责任。他说："听取诉讼双方的言辞，以此为基础来判断他们之间的是非曲直，这一点我与其他为政者并没有多少区别。如果一定有什么不同的话，那就是我的为政目标是指向'无讼'，使民众之间不再出现类似的争讼行为。"

人民争讼的本质在于争利。根据心理学家马斯洛的需要层次理论，人类只有在一定程度上满足了"生理的需要"和"安全的需要"后，才会产生更高的道德追求。因此，为政者要实现"无讼"的社会理想，首先

---

① （宋）朱熹：《四书章句集注》，中华书局2012年版，第136页。
② （清）刘宝楠：《论语正义》，中华书局1990年版，第491页。

应该在一定程度上满足人民物质生活的需要和人身安全的需要。就前者而言，为政者应该"因民之所利而利之"。李炳南注："为政者要以适当的政策来利民，民之所利不同，就要因仍其不同的利益，制定不同的政策，付诸实施。例如因仍农民之所利，就要有利于农民的政策，因仍工商之民所利，就要有利于工商之民的政策。以这些利民的政策来辅助各地各业人民，使其安居乐业，各遂其生。"① 就后者而言，为政者应该"足兵""断讼"，建立一定的国防，使人民免于外敌之骚扰；设立公正的司法机关，使人民的合法权益得到保证，如此才能保障人民生产和生活活动的正常进行，并在合适的时机发展出更高层次的需要。

"无讼"这一社会理想的实现，最终需要通过道德教化来达成，具体做法包括三点：其一是以身作则。孔子说："君子贵人而贱己，先人而后己，则民作让。"② 就是说，为政者如能做到尊重他人，放低姿态，有利益纠葛时，优先满足他人的需要，那么国内民众就会相互谦让、不起争讼。孔子说："有国家者，贵人而贱禄，则民兴让。"③ 为国者能够做到重视人才而不看重私利，那么民众之间就会兴起礼让的风气。这些都是君子以身作则，通过修养自身的让德来感化民众，达到"无讼"状态的过程。其二是施行"礼乐教化"。孔子说："能以礼让为国乎，何有？不能以礼让为国如礼何！"（《论语·里仁》）又"子之武城，闻弦歌之声。夫子莞尔而笑，曰：'割鸡焉用牛刀？'"（《论语·阳货》）大至一国，小至一城，均可通过礼乐的教化，使民众之间相互礼让，次序井然。其三是推行仁道。孔子说："古之为政，爱人为大。"④ 爱人即推行仁道。为政者如果能真心爱护人民，人民也会爱戴为政者，此之谓"爱人者，则人爱之"。人民之间也能够相互爱护，形成"老吾老以及人之老，幼吾幼以及人之幼"的良风美俗，"大道之行也，天下为公"，自然能达到"无讼"的社会状态。

据《说苑·君道》所载，周文王时期，有一虞国人与一芮国人争夺

---

① 李炳南：《论语讲要》，长江文艺出版社2011年版，第351页。
② 杨天宇：《礼记译注》，上海古籍出版社2016年版，第830页。
③ 杨天宇：《礼记译注》，上海古籍出版社2016年版，第831页。
④ 杨天宇：《礼记译注》，上海古籍出版社2016年版，第810页。

边境的田地，难以辨清是非，于是相约到文王那里评理。进入西周境内以后，两人发现境内人民在种田时互让田界，士选为大夫时相互谦让，大夫升职为卿时也相互谦让，于是自惭形秽，把所争的田地让为闲田。可以说，在周文王治下的西周境内，人民就达到了这种"无讼"的状态。

第五节　为政之叹的教育意蕴

孔子年轻时以周公为榜样，希望通过"得君行道"来实现自己的政治理想。然而，彼时社会正处在"礼崩乐坏""时无君子"的时代，孔子虽然周游列国，席不暇暖，但终究未能入仕行道，实现自己的政治抱负。然而不可否认的是，正是在周流四方的过程中，通过对不同国家的政治状况和执政者政治素养的观察和反思，孔子的政治视野不断得到拓展，政治思想逐渐成熟，这为他政治理论体系的构建奠定了基础。在先秦儒家视域下，"为政"与"为学"是相互联系、彼此促进的两个方面。孔子的"为政之叹"中也隐含着学者"为学"的价值与意蕴。

一　"仁以为己任"的责任担当者

孔子主张"学而优则仕"的为学路径，认为通过"为政"可以更好地发挥自己的学问内涵，更好地做利益天下的事业。然而时值"礼崩乐坏"的春秋时代，他的政治抱负很难得以施展。孔子认为，"礼崩乐坏"的实质是：统治阶层失去了"仁者爱人"的精神，这使得原本的礼乐制度失去了"安上治民"与"移风易俗"的大用，只剩下空洞的形式与奢华的器具。"礼崩乐坏"的具体表现是：各国诸侯、卿大夫等为了维护自身利益，擅自僭越礼制，相互攻伐，使原本的社会秩序和礼乐仪式遭到了极大的破坏。春秋早期，齐国的管仲就在自家设立了只有天子和诸侯才能设立的"塞门"和"反坫"；孔子的时代，鲁国的三家大夫也时常僭用天子之礼祭祀家庙。凡此种种，可以看出，各国诸侯、卿大夫之间的僭越礼制、相互攻伐已成为春秋时期的普遍现象。但即使在这样一个"礼崩乐坏"的时代，孔子也愿意不断寻求入仕的机缘，希望通过"为政"来利益天下，这体现了孔子"仁以为己任"的淑世精神和责任担当。

这种精神和担当被后世儒者所继承，成为联结中国士人的道德修养与人民生活的重要理念。从先秦《礼记·大学》的"身修而后家齐，家齐而后国治，国治而后天下平"，孟子的"穷则独善其身，达则兼济天下"，到北宋范仲淹的"先天下之忧而忧，后天下之乐而乐"，张载的"为天地立心，为生民立命，为往圣继绝学，为万世开太平"，再到顾炎武的"天下兴亡，匹夫有责"，梁漱溟的"我愿终身为华夏民族社会尽力，并愿使自己成为社会所永久信赖的一个人"等，无不显示出这种"淑世精神"长久的生命力与现实意义。这些"仁以为己任"的责任担当者，出现在不同的时代，为了国家的安危与人民的幸福殚精竭虑、呕心沥血，共同构成了中华民族的"脊梁"。

改革开放以来，随着社会的多元化发展，人民的生活环境也发生了重大改变。在这样一个多元文化交织的社会，人们可以通过多种方式来服务社会。譬如，袁隆平培养了新型杂交水稻，解决了中国几亿人口的吃饭问题；屠呦呦发现了"青蒿素"，在很大程度上解决了全球广泛关注的恶性疟疾的问题；如此等等。他们虽然都没有入仕为官，但都在自己所擅长的领域有所建树，从而达到了利益天下的目的。

有鉴于此，教育者在日常的教学过程中，也应该继承并弘扬"仁以为己任"的精神，以"仁者爱人"的态度教导学生，并将他们培养为具有"仁心仁术"的责任担当者。这样当学生离开学校，走向工作岗位时，才能怀揣着服务大众的志向，在自己所擅长的领域发挥"仁者爱人"的精神，最终建立起立己立人、利国利民的事业。

二 "勉强而为之"的时代逆行者

如上所述，孔子生活在"时无君子"的春秋时代。他认为，彼时的为政者中非但没有圣人和君子，甚至连"言必信，行必果"的士都算不上，只是一群见识浅薄、器量狭小的"斗筲之人"而已。在寻求入仕的过程中，他发现鲁国的季孙大夫"不修文德"，而"谋动干戈于邦内"；齐景公"有马千驷"，而"民无德而称焉"；卫灵公宠幸南子和佞臣，"好色而不好德"，他们都不是有德有位的君子。

《易经》曰："天地闭，贤人隐。"在这样的时代背景下，多数贤者都选择了避世隐居。如长沮、桀溺隐居荒野，楚狂接舆披发佯狂，鲁之晨门委身小吏，仪之封人栖迟贱职。他们认为"滔滔者，天下皆是也"，在

"时无君子"的时代，贤者就应该隐居世外，不问世事。但在孔子看来，"时无君子"的时代状况并不应该成为贤者隐居的借口。一个心怀治世之道的君子，即使在天下无道之时，也应该"勉强行道"。他说："吾非斯人之徒与而谁与？天下有道，丘不与易也。"（《论语·微子》）意思是：正因为天下无道，所以我才栖栖遑遑地奔走，想要把它变得有道；如果天下有道，就无需我来改变了。由此可见，孔子应该是春秋时期最与众不同的贤者。当其他贤者都选择隐居乡野、明哲保身时，他却把磬敲得硁硁响，希望通过"勉强有为"来改变天下无道的状况。可以说，他是春秋时代最早的、最知名的、最有济世精神和担当力的"时代逆行者"。

在孔子之后的历史长河中，这样"勉强有为"的"时代逆行者"也屡见于史册。他们包括朝堂之上的"逆行者"，那些直言敢谏的忠臣诤子，如汉之汲黯，唐之魏征等；也包括战场之上的"逆行者"，那些在外族入侵之际，奋起抵抗的民族英雄，如宋之文天祥，明之于谦等；还包括灾难之中的"逆行者"，在重大灾难发生时，奋不顾身、救民于水火之中的无名英雄，如1998年洪灾中的解放军，2020年驰援武汉战"疫"的医疗队等。正是由于在不同的历史时期，都存在这样一批有心改变现状的"逆行者"，我们的民族才得以延续，文明才得以发展。

借鉴孔子"时无君子之叹"中的思想，在日常的教学工作中，学校和教师不仅要关注学生德、智、体、美、劳等方面的发展，更要关注学生是否具有敢于面对不公、改变现状、承担责任、创造未来的勇气和毅力。只有一代又一代的学生，能够像孔子一样，怀着"仁者爱人"的精神，把磬敲得硁硁作响，社会上不公正、不公平的现象才能逐渐减少，人民才能安居乐业。

三 "正人先正己"的道德垂范者

在"为政原则之叹"中，孔子说："为政以德"，认为办政治应该本乎道德。为政者只有坚持以"端正己身"为前提，才能在治国过程中导正他人的言行，达到"不令而行"的效果。相反，如果为政之时不能"端正己身"，为了一己私利而不惜侵犯民众的利益，这样的为政者即使三令五申地要求民众做事，民众也不愿意服从。在任用人才方面，孔子认为，"为政在人，取人以身"（《礼记·中庸》）。为政者对下属人才的选拔也是以自身修养为前提，只有己身端正，才能受到德才兼备的贤者的拥护。只有将这些贤者置于众人之上，才能对政治的施行与百姓的教化起到重大作用，从而促进良风美俗的形成。在治理百姓方面，孔子主张"为国以礼"，将礼仪规范作为治国化民的重要手段。"礼"的本质是"让"和"敬"。如果君子能以谦让、恭敬的态度和合乎礼仪的行为对待他的臣属和人民，他的臣属和人民就会通过努力完成本职工作来回馈他们的长上。这样上下以礼相待，整个社会的秩序就会有条不紊，国家就会日益强盛。总的来说，"政者，正也"，"为政"的过程，就是为政者通过端正己身来选拔人才、推行礼乐、教化百姓，使己身正，使朝堂正，使百姓正，进而使国家正，使天下正的过程。而"正己"是"正人""正百姓"乃至"正天下"的根本。

随着我国进入中国特色社会主义新时代，领导干部的政德建设不仅是国家治理现代化的基础，也是现代化治理体系形成并发挥作用的重要保障。2018 年，习近平总书记在十三届全国人大一次会议重庆代表团审议时指出，"领导干部要讲政德。政德是整个社会道德建设的风向标。立政德，就要明大德、守公德、严私德"[①]。其中，"明大德，就是要筑牢理想信念、锤炼坚强党性，在大是大非面前旗帜鲜明，在风浪考验面前无所畏惧，在各种诱惑面前立场坚定，这是领导干部首先要修好的'大德'。守公德就是要强化宗旨意识，全心全意为人民服务，恪守立党为公、执政为民理念，自觉践行人民对美好生活的向往就是我们的奋斗目标的承诺，做到心底无私天地宽。严私德，就是要严格约束自己的操守和行为"[②]。庄仕文认为，习近平对新时代领导干部政德建设的论述，创造性地发展了传统儒家的"正人先正己"的官德思想："新时代政德建设丰富了政德的时代内涵，超越了传统儒家官德的空泛化倾向；坚持用人标准的德才兼备，超越了传统儒家官德的绝对化倾向；坚持以人民为中心的政治立场，超越了传统儒家官德的精英化倾向；升华传统的血缘宗法伦理，超越了传统儒家官德的宗法化倾向；坚持全面依法治国，超越了传统儒家官德的理想化

[①] 《光明日报》评论员：《领导干部要讲政德》，《光明日报》2018 年 3 月 14 日第 1 版。
[②] 《光明日报》评论员：《领导干部要讲政德》，《光明日报》2018 年 3 月 14 日第 1 版。

倾向。"① 总之，新时代领导干部的政德建设正是传统儒家官德思想的传承与发展。这种官德思想强调领导干部的率先垂范、以上率下，使其对下属官员与人民群众的道德修养产生巨大的感召作用，进而促进风清气正的政治生态的形成。

就教育领域而言，各级学校的行政管理与教育教学也需要这种"正人先正己"的道德垂范。在行政方面，担任校内领导的行政官员相较于普通教师更应该担当起"正人先正己"的垂范作用。如在大学治理中，校级行政官所扮演的角色并不是利用职务之便为自身牟取更多的利益，而是能够在教育行政过程中，充分考虑到来自学校内外各利益群体的核心关切。② 在 21 世纪初的治理改革中，不少世界一流大学都建立了以多元共治为基础的大学决策机制。③ 作为处理大学内部事务的核心人员，校级行政官如果在学校事务的处理过程中坚持"正人先正己"的治理原则，就能使大学内部重大事务的决策与执行走向正轨。在教学过程中，教师相对于学生则处于教导者的角色。教师的一言一行对学生道德信念的建立与道德人格的养成具有重要作用。如果教师本身具有美好的德行，作为"正人先正己"的道德垂范者，他在对学生实施德育时，所得的教学效果就会事半功倍。相反，如果教师本身不是"正人先正己"的道德垂范者，那么他所言说的道德信念与德育内容等就不是经验之谈，这样的德育过程很难产生理想的教学效果。由此可以说，无论学校工作的良好运转，还是德育过程的顺利实施，都离不开领导者或教师"正人先正己"的道德垂范。

四 "无讼"社会的理想奋斗者

在"为政次第之叹"中，孔子认为，为政的前提在于"正名"。当执政者没有与其地位相匹的名分时，他所颁布的政令就很难顺利实施，他所承办的事业也很难成功，他所推行的礼乐教化也难以施行；礼乐教化不能

---

① 庄仕文：《习近平对儒家官德思想的创造性发展》，《理论导刊》2020 年第 8 期。
② 傅茂旭、于洪波：《英国一流大学理事会制度的特征及启示》，《中国高等教育》2020 年第 8 期。
③ 傅茂旭、于洪波：《21 世纪初牛津、东京与哈佛大学董事会改革的比较》，《高教探索》2020 年第 2 期。

施行，刑罚就容易失当，百姓就会手足无措。以"正名"为前提，为政的次第应该是"庶""富""教"。"庶"就是通过整顿吏治，使政治清明，百姓就会前来归附并不断繁衍，从而实现人口数量的增多；"富"就是通过惠民的政策，使百姓资材有余，生活富足；"教"就是对百姓施以礼乐的教化，使社会秩序井然有序、民德归厚。

就侧重点而言，孔子认为，为政者最应该重视百姓的信任，"民无信不立"；其次是赖以果腹的食物，最后是护国安民的军队。通过"为政"，孔子希望达到"无讼"的社会理想，也就是减少利益争端，使整个社会形成相互礼让的社会风气。这一社会理想的实现需要两方面的努力：一是为政者的以身作则，子曰："君子贵人而贱己，先人而后己，则民作让。"（《礼记·坊记》）二是对百姓施以礼乐的教化，子曰："能以礼让为国乎，何有？"果真以"礼让"治国，那么治国又有何难呢？在整个"为政次第之叹"中，孔子最终指向的是"无讼"的社会理想。可以说，他是"无讼"社会的理想奋斗者。

事实上，"无讼"只是孔子所追求的理想社会的其中一个面相。这个理想社会，在权力与物质的分配方面表现为"天下为公"，也就是人们所熟知的"大同"社会；在宇宙自然的状态方面表现为"天地位焉，万物育焉"，也就是《中庸》所谓的"中和"境界。后世的儒者大都以这样的理想社会为参照，不断地批评和改正现实社会的种种弊端，使现实社会逐渐趋近于理想社会。作为中华优秀传统文化的继承者，中国共产党所提出的"中国梦"也是以马克思主义为指导，扎根于儒家文化的土壤。[①]它的内涵和实质包括国家富强、民族振兴和人民幸福。王杰、任松峰认为，"中国梦"是儒家社会理想在当代中国的最新话语表达。它与儒家的社会理想存在内在的传承性，具体表现为：都强调"民本"思想，都倡导"为公"意识，都主张"诚信"理念，都追求"大同"目标。当然在新时代背景下，"中国梦"与儒家社会理想也存在本质的差别，如它们的立论基础不同，实践路径不同，实现手段也不同。[②]但儒家的社会理想所蕴含的思想智慧，为新时代"中国梦"的提出与发展提供了重要的理论

---

① 李君如：《中国梦与中华民族的社会理想》，《中国国家博物馆馆刊》2015年第12期。
② 王杰、任松峰：《儒家大同理想与中国梦》，《中国党政干部论坛》2014年第2期。

基础。

　　孔子"无讼"的社会理想，以及之后出现的"大同""中和"的社会理想，凝聚了儒家的"仁学"思想和伦理思想，是中华民族长期的奋斗目标，为中国的发展提供了强大的精神动力。新时代的"中国梦"继承和弘扬了儒家的社会理想，并成为凝聚海内外华人重要的理想信念和精神依靠。在当今时代，由于经济的全球化发展与教育的国际化发展，一部分人出现了民族意识弱化、爱国观念淡薄的现象。笔者认为，借鉴先秦儒家的社会理想与新时代"中国梦"的相关论述，爱国主义教育应该根植于中华民族的优秀文化，立足于当下中国发展现状，继承和发扬儒家"无讼""大同"的社会理想，以"中国梦"的精神凝聚党心民心，使广大受教育者成为新时代社会理想的奋斗者、践行者、担当者。

第四章

为教之叹及其教育镜鉴

孔子曰:"用之则行,舍之则藏。"(《论语·述而》)如果天下有道,仁者便应该入仕为官,通过办政治来利益天下;如果天下无道,仁者便可以隐居起来办教育,通过教书授徒来藏道于民间,以待后世有为之君。对于孔子而言,办教育与办政治,不过是他因为时势不同所展现出的两个面向。事实上,无论是居家授徒时期,还是周流四方时期,许多孔门弟子都追随在孔子的身旁,聆听他的教诲,随他与闻政治。而且正是在游历列国的过程中,他的弟子通过观察孔子在面对各国君臣、遭遇各种局面时,如何判断抉择、应对进退,纷纷成长起来。及至自卫返鲁,孔子又招收了子游、子夏等一批后进弟子,更是把主要的精力用在了教育教学和教材删订上。因此,他的一生有颇多的"为教之叹"。

第一节 为教方法之叹

孔子被称为中国历史上第一位教师。他虽然未必是私学的首创者,但无疑是第一批私学创办者中对后世影响最深远的人。孔子历史地位的确定,与他是夏、商、周三代思想的集大成者有关,也与其独到的教育方法有关。正是通过这些方法的实施,孔子培养了大批的杰出弟子。他们学成后,或者从政,或者从教,为儒家道德学问的传承与弘扬,做出了难以估量的贡献。

一 "叩则鸣"的问答法

经统计,在《论语》中,"问"字出现了120次。其中涉及师徒问答的条目共 73 见，说明这种由弟子提问、老师作答的问答法是孔门常用的教学方法。《礼记·学记》曾用"撞钟"来形容这一教学法，"善待问者如撞钟，叩之以小者则小鸣，叩之以大者则大鸣，待其从容然后尽其声"。由此，"叩则鸣"成为儒家问答法的重要特征。

从"孔子之叹"的角度来看，这种"叩则鸣"的问答法，是孔门教学的常用方法。如：

> 子游问孝。子曰："今之孝者，是谓能养。至于犬马，皆能有养。不敬，何以别乎！"（《论语·为政》）

在这里，孔子用感叹的方式对子游的提问给予了深层次的回答。一方面，他对彼时社会所流行的"孝"的观念进行了批判。"今之孝者，是谓能养"，如今人们把给父母提供饮食当作"孝"。但事实上，犬马也能从主人那里获得食物。如果把提供饮食称作"孝"，那么饲养犬马也应该是"孝"。另一方面，孔子对"孝"的本质展开了深入分析。他说："不敬，何以别乎"，如果人们赡养父母时，对他们没有恭敬之心，那么赡养父母与喂养犬马又有什么区别呢？在这段对话中，孔子将问答法与感叹结合在一起，生动地阐释了儒家视域下"孝"的实然状况与应然状态。

这种"叩则鸣"的问答场景数量繁多，而出现孔子叹辞的问答场景多是讨论儒家视域内具有重要影响的问题。此类问题或者关系重大，或者内涵深广，孔子的叹辞在某种程度上反映了他在日常生活中对这些问题的关注。

弟子能问到关键处，老师也就能答到关键点上，这就是所谓的"大叩则大鸣"。诸如以下两叹：

> 林放问礼之本。子曰："大哉问！礼，与其奢也，宁俭；丧，与其易也，宁戚。"（《论语·八佾》）

> 子贡问曰："有一言而可以终身行之者乎？"子曰："其恕乎！己所不欲，勿施于人。"（《论语·卫灵公》）

孔子很早就有知礼之名，时人常有问礼于孔子者。如有问禘祭之礼的民众,"或问禘之说"(《论语·八佾》);有问盛大礼仪的君主,"哀公问于孔子曰:'大礼如何'"(《礼记·哀公问》);有问特殊葬礼的邻国百姓,"邾人以同母异父之昆弟死,将为之服,因颜克而问礼于孔子"(《孔子家语·曲礼子贡问》);也有问加冠之礼的异国国君,"邾隐公既即位,将冠,使大夫因孟懿子问礼于孔子"(《孔子家语·冠颂》),却鲜少有问"礼之本"者。儒家文化重视根本,"本立而道生",所以当林放问礼之根本时,孔子赞叹他:"大哉问!"王弼注:"时人弃本崇末,故大其能寻礼本意也。"[①] 意思是,彼时社会正处于"礼崩乐坏"之时,虽然多有问礼、知礼之人,但他们所关心的更多的是"礼"的外相,而对于"礼"的内涵却少有人问、少有人知。孔子借林放之问,举五礼中的"祭礼"与"丧礼"回答了礼之根本。他说:"祭礼的根本在于心诚,所以与其文饰过多、流于浮华,不如失于节俭、保留质朴;丧礼的根本在于哀戚,所以与其把丧事置办得和顺条理,不如参加丧礼的人都有哀戚之情。"

子贡则是对孔子"仁学"的心理学基础进行了提问。众所周知,孔子所提倡的"仁"的境界很难达到,孔子一生也很少以之许人。那么,在未达到"仁"的境界之前,是否有一字可以终身行之呢?孔子回答说,恐怕只有"恕"吧。进而对"恕"的意思进行了解释:"己所不欲,勿施于人",自己不想要的,也不要强加到别人身上。

"恕"字反映了人与人之间"将心比心"的原则,也是贯通"仁学"的重要范畴。如果不以"恕"道作为为人处事的基础,那么君子就不可能高蹈于仁。可见,通过与子贡的问答,孔子为常人终其一生都难以达成的"仁"找到了可以即时体验和实施的原则——"恕"道。经由"恕"道,君子可以引导人民一步步接近"仁"的境界。

此外,"叩则鸣"的问答法有时也可以对应到孔子对弟子的感叹。如:

> 宰我问:"三年之丧,期已久矣。君子三年不为礼,礼必坏;三年不为乐,乐必崩。旧谷既没,新谷既升,钻燧改火,期可已矣。"

[①] 程树德:《论语集释》,中华书局2013年版,第186页。

子曰:"食夫稻,衣夫锦,于女安乎?"曰:"安。""女安则为之!夫君子之居丧,食旨不甘,闻乐不乐,居处不安,故不为也。今女安,则为之!"宰我出。子曰:"予之不仁也!子生三年,然后免于父母之怀。夫三年之丧,天下之通丧也。予也,有三年之爱于其父母乎?"(《论语·阳货》)

"三年之丧"指的是为父母守丧。宰我问孔子:"为父母守丧,三年不是太长了吗?君子三年不为礼乐,就会导致礼乐的崩坏。自然界的万物,如产出粮食的谷类、用来烧火的柴木等,都是以一年为生长周期,为父母守丧不是一年就够了吗?"孔子反问道:"父母去世一年后,你吃着美味的米饭、穿着华丽的衣服,能够心安理得吗?"宰我回答说:"能。"孔子说:"既然能心安理得,那你就这样做吧。君子守丧三年,在此期间,即使吃到美味的食物,也不会觉得甘美;即使听到美妙的音乐,也不会觉得快乐;即使住在舒适的房屋,也不会觉得心神安定,所以才不这样做。如果你觉得心安,你就这样做吧。"等到宰我离开后,孔子感叹说:"宰我这个人没有仁爱之心啊!子女出生三年后,才能完全离开父母的怀抱,所以'父母之丧'的丧期是三年,而且是天下所有人的通丧。宰我对他的父母也有三年之爱吗?"在这段问答中,孔子通过"叩则鸣"的问答法及之后的感叹,道出了将"父母之丧"设定为三年的原因,并指出"守丧"的主旨在于"报本还恩"。

总之,通过"叩则鸣"的问答法与叹辞相结合,孔子对"仁"或"礼"的本质进行了深入发掘与探究,从而使儒家的"礼乐"不再仅是停留在仪式上的"礼乐",使儒家的"仁道"不再是高高在上、难以施行的"仁道"。

二 "侍坐言志"的讨论法

孔门弟子可以说是孔子最亲近的人。游历列国时,他们陪伴左右;教书授徒时,他们居于座下,孔子说:"吾无行而不与二三子者"(《论语·述而》),言其形影不离也。正因为他们形影不离,所以师徒之间通过三人及以上的小组讨论来切磋学问,也是孔门常用的教学法。在《论语》中,明显出现的三人及以上的对话场景共9见,涉及三人及以上言辞的章句共2见，包含"孔子之叹"的仅1见。

> 子路、曾晳、冉有、公西华侍坐。子曰："以吾一日长乎尔，毋吾以也。居则曰：'不吾知也！'如或知尔，则何以哉？"子路率尔而对曰："千乘之国，摄乎大国之间，加之以师旅，因之以饥馑；由也为之，比及三年，可使有勇，且知方也。"夫子哂之。"求！尔何如？"对曰："方六七十，如五六十，求也为之，比及三年，可使足民。如其礼乐，以俟君子。""赤！尔何如？"对曰："非曰能之，愿学焉。宗庙之事，如会同，端章甫，愿为小相焉。""点！尔何如？"鼓瑟希，铿尔，舍瑟而作。对曰："异乎三子者之撰。"子曰："何伤乎，亦各言其志也。"曰："莫春者，春服既成。冠者五六人，童子六七人，浴乎沂，风乎舞雩，咏而归。"夫子喟然叹曰："吾与点也！"三子者出，曾晳后。曾晳曰："夫三子者之言何如？"子曰："亦各言其志也已矣。"曰："夫子何哂由也？"曰："为国以礼，其言不让，是故哂之。""唯，求则非邦也与？""安见方六七十如五六十而非邦也者？""唯，赤则非邦也与？""宗庙会同，非诸侯而何？赤也为之小，孰能为之大？"（《论语·先进》）

在这一场景中，孔子引导弟子们各自言说自己的志向。子路的志向是治理一个千乘之国，即便这个国家夹在两个大国之间，外有强敌入侵、内有饥荒灾祸，如果由他来治理，三年就可以让军民有作战的勇气，并且知道礼义。孔子报之以一哂。冉求的志向是治理一个六七十方里的小国，如果由他来治理，三年就可以使人民衣食充足，至于礼乐教化，就得等待君子来实施了。孔子不置可否。公西华的志向是穿着礼服、戴着礼帽担任诸侯会盟时的傧相。曾晳的志向是隐居教书，在暮春季节带着一群年轻弟子到沂水边和舞雩台游玩，再一起唱着歌回家。孔子感叹道："我赞同曾晳的志向啊！"待子路、冉有、公西华离开后，曾晳问孔子："三子的志向如何？"孔子回答说："各言己志而已。"然后就着曾晳之问，对讥笑子路的缘由进行了说明："治理国家需要'礼让'，然而子路的言语却显示着不让，所以笑他。""冉有的志向也是治理一国，使人民富足；公西华的志向是在国君会盟时担任小傧相，以他的能力只担任小傧相，那谁又能担任大傧相呢？"

在这次讨论中，孔子的四名弟子都各自言说了自己的志向。孔子哂由，是笑他言辞之中没有"礼让"，而在孔子看来，"礼让"正是治国的根本。之后言说志向的弟子们显然都注意到了这一点。如冉求把自己能治理的国家说成是六七十方里的小国，而礼乐的教化则要等待君子的出现；公西华不敢说自己能做什么，只是愿意在诸侯会盟时担任一个相礼的小傧相跟着学习。可见，孔子"一哂"，即能让弟子们意识到治国过程中"礼让"的重要性，进而对自己的言辞进行调整。而孔子赞同曾皙的感叹则蕴含着"用之则行，舍之则藏"的道理。当时社会正面临"礼崩乐坏"的动乱局面，孔子周游列国十余年未遇明君，不得已而隐居从事教学活动。前述三子的志向均为治国、平天下之志，但据当时的形势来看，未必能够实现这样的抱负。如果不能实现，则应该"藏道于身，待时而动"。因此，孔子更赞成曾皙隐居教书的志向。各言其志的讨论，其最终结论也是能行能藏、因时作为才是君子的处世之方。

除了上述《论语·先进》篇外，《礼记·仲尼燕居》篇与《孔子家语·致思》篇更是把这种讨论法的精髓发挥到了极致。

> 仲尼燕居，子张、子贡、言游侍，纵言至于礼。子曰："居，女三人者，吾语女礼，使女以礼周流无不遍也。"子贡越席而对曰："敢问何如？"子曰："敬而不中礼谓之野，恭而不中礼谓之给，勇而不中礼谓之逆。"子曰："给夺慈仁。"子曰："师，尔过；而商也不及。子产犹众人之母也，能食之不能教也。"子贡越席而对曰："敢问将何以为此中者也？"子曰："礼乎礼！夫礼所以制中也。"子贡退，言游进曰："敢问礼也者，领恶而好全者与？"子曰："然。""然则何如？"子曰："郊社之义，所以仁鬼神也；尝禘之礼，所以仁昭穆也；馈奠之礼，所以仁死丧也；乡射之礼，所以仁乡党也；食飨之礼，所以仁宾客也。"子曰："明乎郊社之义、尝禘之礼，治国其如指诸掌而已乎"……"是故，君子无物而不在礼矣。入门而金作，示情也。升歌《清庙》，示德也。下而管《象》，示事也。是故古之君子，不必亲相与言也，以礼乐相示而已。"

孔子在家闲居无事，与子张、子贡、子游漫谈到了礼。于是通过与四位弟子的讨论，孔子将"礼"的内涵、作用、施行、"礼"与"乐"的关系等进行了较为系统地阐述。其中也不乏对"礼"的赞叹和感叹，如"礼乎礼，夫礼所以制中也！""明乎郊社之义，尝禘之礼，治国其如指诸掌而已乎！""制度在礼，文为在礼，行之其在人乎！"与常见的语录型章句相比，这种"侍坐言志"的讨论法，显然更有利于他人从不同的角度认识同一事物，也有利于展现弟子们对同一事物的不同看法。

  孔子北游于农山，子路、子贡、颜渊侍侧。孔子四望，喟然而叹曰："于斯致思，无所不至矣！二三子各言尔志，吾将择焉。"
  子路进曰："由愿得白羽若月，赤羽若日，钟鼓之音上震于天，旌旗缤纷下蟠于地。由当一队而敌之，必也攘地千里，搴旗执馘。唯由能之，使二子者从我焉。"夫子曰："勇哉！"子贡复进曰："赐愿使齐、楚合战于漭瀁之野，两垒相望，尘埃相接，挺刃交兵。赐著缟衣白冠，陈说其间，推论利害，释二国之患。唯赐能之，使夫二子者从我焉。"夫子曰："辩哉！"颜回退而不对。孔子曰："回，来！汝奚独无愿乎？"颜回对曰："文武之事，则二子者既言之矣，回何云焉？"孔子曰："虽然，各言尔志也，小子言之。"对曰："回闻薰、莸不同器而藏，尧、桀不共国而治，以其类异也。回愿得明王圣主辅相之，敷其五教，导之以礼乐，使民城郭不修，沟池不越，铸剑戟以为农器，放牛马于原薮，室家无离旷之思，千岁无战斗之患。则由无所施其勇，而赐无所用其辩矣。"夫子凛然曰："美哉德也！"
  子路抗手而对曰："夫子何选焉？"孔子曰："不伤财，不害民，不繁词，则颜氏之子有矣。"（《孔子家语·致思》）

此篇则是孔子与子路、子贡、颜渊北游于农山时，各自言说志向的讨论。子路说，他的志向是当一名冲锋陷阵的将军，在战场上率一队人马夺取敌人的土地，拔下他们的旗帜、割下他们的耳朵，赢得战争的胜利。孔子称赞他说："勇哉！"子贡说，他的志向是斡旋在即将交战的两军之间，靠三寸不烂之舌，陈述交战的利弊，解除两国的灾难。孔子称赞他说："辩哉！"颜回说，他的志向是能够遇到明君圣主，辅助他们用五伦和礼乐教化民众，使他们免受战争之苦与离家之忧。孔子称赞他说："美哉，德也！"子路问："老师更推崇哪种志向呢？"孔子回答说："不耗费民众的财物，不危及民众的生命，没有太多的巧辩言辞，颜回的志向能够满足这些要求。"在这里，通过师徒之间的讨论，孔子对弟子的志向予以了不同的评价，并从中做出了选择。这种教学方式，有利于弟子明晰自己的为学志趣，从而为后续的修学提供源源不断的动力；也有利于弟子通过他人的志向和老师的评价改善自己的志向，从而修正自己努力的方向和修学的目的。

总体而言，"侍坐言志"的讨论法，对于老师从不同的侧面阐释自己的思想，了解自己的学生，乃至于有方向、有目的地引导自己的学生都有莫大的助益。

三 "从游论道"的参观法

除了日常使用的问答法与讨论法，孔子也时常使用"从游论道"的参观法进行教学。这主要发生在参观历史遗迹或风景名胜的过程中。孔子或有感而发，或借着弟子的提问，对参观对象所蕴含的道理进行深入地讲解，从而达到"寓教于游""寓教于乐"的效果。

在《论语》中，"从游论道"的参观法与"孔子之叹"结合的案例仅一见：

> 樊迟从游于舞雩之下，曰："敢问崇德、修慝、辨惑。"子曰："善哉问！先事后得，非崇德与？攻其恶，无攻人之恶，非修慝与？一朝之忿，忘其身，以及其亲，非惑与？"（《论语·颜渊》）

"舞雩"，是鲁国求雨的祭台。"雩祭"以舞为盛，故名"舞雩台"。"崇德""修慝""辨惑"则是求雨辞。樊迟跟随孔子在舞雩台下游览，问孔子"崇德""修慝""辨惑"三句求雨辞是什么意思。孔子先称赞樊迟问得好，"善哉问！"然后对三句求雨辞分别进行了解释：所谓"崇德"指"先做好应该做的事，然后再考虑所得的报酬"。"修慝"指"攻击自己内心的邪恶，使自己的恶无所遁形，进而将之修治，而不是专门攻击别人的恶"。"辨惑"指"不会因为一时之愤，就忘掉自己和家人的安危，做出一些不顾后果的行为"。言下之意是：为政者只有修养好自身的德行，做好自己的分内之事，求雨才能得到甘霖。如果不修养德行，不做好分内之事，只是在天旱的时候，跑到舞雩台去跳舞，唱几句求雨辞，这种本末倒置的行为又怎么能求得甘霖呢？

这里孔子"善哉问"的感叹包括两层含义：其一，樊迟能在舞雩台从游时问求雨辞的意思，问的正是地方、正是时候，所以"问得好"。其二，孔子通过"崇德""修慝""辨惑"三句求雨辞的阐释，正好可以说明祭天求雨的关键之处，所以称其"问得好"。经过这次舞雩台游览，在轻松愉快的氛围中，孔门弟子应该对祭天求雨的仪式，以及这些仪式背后的内涵，有了更深层次的理解。这正是孔门"从游论道"的参观法的妙用。

稽诸史籍，这种妙用还见于《孔子家语》，如：

> 孔子观于东流之水，子贡问曰："君子所见大水必观焉，何也？"孔子对曰："以其不息，且遍与诸生而不为也，夫水有似乎德；其流也，则卑下倨拘必循其理，此似义；浩浩乎无屈尽之期，此似道；流行赴百仞之嵠而不惧，此似勇；至量必平之，此似法；盛而不求概，此似正；绰约微达，此似察；发源必东，此似志；以出以入，万物就以化絜，此似善化也。水之德有若此，是故君子见必观焉。"（《孔子家语·三恕》）

通过观看"东流之水"，孔子向子贡说明了君子"见大水必观"的缘由。在儒家所推崇的各种理念中，德、义、道、勇、法、正等，均可对应到水的不同面相。因此，观水就等于观看形象化的儒家道德理念。通过观水，君子的道德学问都能得到提高。又如：

> 孔子观于鲁桓公之庙，有欹器焉。夫子问于守庙者曰："此谓何器？"对曰："此盖为宥坐之器。"孔子曰："吾闻宥坐之器，虚则欹，中则正，满则覆。明君以为至诚，故常置之于坐侧。"顾谓弟子曰："试注水焉。"乃注之水，中则正，满则覆。夫子喟然叹曰："呜呼，夫物恶有满而不覆哉！"子路进曰："敢问持满有道乎？"子曰："聪

明叡智,守之以愚;功被天下,守之以让;勇力振世,守之以怯;富有四海,守之以谦。此所谓'损之又损之'之道也。"(《孔子家语·三恕》)

看到欹器"中则正,满则覆"的特征后,孔子向弟子讲述了做人应该中正谦虚的"损之又损之"之道。

由此可见,在居家教书或游历列国的同时,孔子也常带弟子外出游览,或观看自然风光,或瞻仰名胜古迹。这种"从游论道"的参观法,一方面能够缓解紧张的学道生活,体现出张弛有度、劳逸结合的为教思想;另一方面也能够寓道于游、寓教于乐,在轻松愉悦的气氛中,加深弟子对儒家思想的理解和体悟。

四 "历事而教"的实践法

孔子十分注重知识的内化与实践。他曾感叹说:

> 诵诗三百,授之以政,不达;使于四方,不能专对;虽多,亦奚以为!(《论语·子路》)

"诗",本是先秦时代的流行歌曲和祭祀圣歌,经孔子删编整理后余311篇,始称"诗三百"。儒家认为,"诗"最大的作用在于"美教化"和充当外交辞令。如果熟读三百多首诗,却没有办政治、办外交的能力,那么读诵再多又有什么用呢?正是因为具备这样的观念,所以孔子十分重视弟子办事能力的培养,经常在处理事务时有意识地教导弟子,加深弟子对知识的理解和运用。可以说,这种"历事而教"的实践法,贯穿了孔子携弟子为政和游历的各个时期,对道德学问的内化和办事能力的提高起到了举足轻重的作用。

从"孔子之叹"的角度来看,"历事而教"的实践法主要出现在以下情形。

其一,阐明孔子的用财之道。

> 子华使于齐,冉子为其母请粟。子曰:"与之釜。"请益。曰:

"与之庾。"冉子与之粟五秉。子曰:"赤之适齐也,乘肥马,衣轻裘。吾闻之也。君子周急不继富!"(《论语·雍也》)

原思为之宰,与之粟九百,辞。子曰:"毋!以与尔邻里乡党乎!"(《论语·雍也》)

"子华"是孔门弟子公西赤的字,"冉子"即冉求。公西赤作为孔子的使者出使到齐国,冉求当时或为孔子的家宰,于是为公西赤的母亲请粟。孔子按照惯例给了六斗四升,冉求嫌少,于是孔子又给了二斗四升。冉求仍嫌少,就私下将自己的八十斛粟赠予公西赤的母亲。孔子知道后不无感慨地说:"公西华出使齐国时,乘坐的是膘肥体健的马拉的车,穿的是轻柔暖和的皮袄。我听说君子救济那些有紧急需要的人,而不是把财富赠予富人,使之更加富裕。"待到原宪担任孔子家宰时,孔子给他的俸禄是九百斗粟,原宪请辞。孔子说:"不可。如果你觉得多的话,可以赠给你的邻里乡党。"

通过这两件事,弟子们对孔子的"用财之道"产生一定程度的了解。首先,"君子周急不济富",君子的财物应该更多地用于雪中送炭,而非锦上添花。其次,当得的俸禄不应该推辞,如有多余,可以用来帮助他人。这种通过做事情所懂得的道理显然更能够在实践中应用。

其二,发明孔子的教诲之道。

互乡难与言。童子见,门人惑。子曰:"与其进也,不与其退也,唯何甚!人洁己以进,与其洁也,不保其往也。"(《论语·述而》)

孔子素有"有教无类"的主张,孔门弟子中有高贵如孟懿子者,也有卑微如冉伯牛者;有富裕如子贡者,也有贫穷如原宪者;有鲁钝如曾参者,也有聪敏如颜回者;有怯弱如冉求者,也有勇猛如子路者。互乡的童子求教于孔子,孔子答应见他。弟子们感到很疑惑,因为互乡之人一般习惯于做不善之事,难以与之言善。孔子认为,教诲之道不能囿限于对某地或某人的刻板印象。如果他当下有求教的诚心,就应该赞许他这份洁身求教的诚心。至于以后会不会故态复萌,那就不能预设了。

该章与《论语·述而》"自行束脩以上,吾未尝无诲焉"相似,都是表达"有教无类"的思想。"自行束脩以上"与"洁己以进"也都代表向孔子求教的诚心。但相较而言,这种通过事例来阐明教诲之道的方式更容易在弟子心目中留下深刻的印象。

其三,阐明孔子的用世之心。

> 公山弗扰以费畔。召,子欲往。子路不说,曰:"末之也已,何必公山氏之之也。"子曰:"夫召我者而岂徒哉?如有用我者,吾其为东周乎!"(《论语·阳货》)

> 佛肸召,子欲往。子路曰:"昔者,由也闻诸夫子曰:'亲于其身为不善者,君子不入也。'佛肸以中牟畔,子之往也,如之何?"子曰:"然,有是言也。不曰坚乎,磨而不磷;不曰白乎,涅而不缁。吾岂匏瓜也哉,焉能系而不食?"(《论语·阳货》)

如前所述,儒家学问讲究"内圣外王"。对内格致诚正,修养自己的德性;对外则修齐治平,通过办政治来利益苍生。孔子一生都想要"得君行道",他说:"苟有用我者,期月而已可也,三年有成"(《论语·子路》)。但直到年老,他仍未得到行道的机会。所以,公山弗扰和佛肸召,孔子都有欲前往,其用意就是找到推行仁道的机会。彼时社会秩序崩坏,各国鲜有君子执政,孔子并非不知。他曾明确表示说:"道之不行,已知之矣。"(《论语·微子》)之所以游历列国,过着席不暇暖的生活,正在于寻找"勉强行道"的机会。所以,孔子所言"如有用我者,吾其为东周乎"和"吾岂匏瓜也哉,焉能系而不食",都是表达这种用世之心。

这种"历事而教"与感叹相结合的方式,也给弟子及后人产生了巨大影响。后世儒家弟子如荀子、董仲舒等,致力于发展孔子的这种用世思想,从而开出了儒家系统的"外王"之学,这正是孔子用世之心的传承与发展。

除了上述四种教学方法外,孔子常用的教学方法还包括"循序渐进""因材施教""启发诱导"等。由于以往研究对此类方法都进行过较为详尽的探讨,兹不赘述。总之,通过这些教学方法,孔子将其思想讲述出来，并被后世的弟子不断地传承与发展，使儒学对中华民族性格的塑造，乃至对世界发展产生了重要影响。

第二节 为教内容之叹

一般认为，孔子的为教内容主要是"六经"或"四经"。如《孔子家语·本姓解》曰："（孔子）删《诗》述《书》，定《礼》理《乐》，制作《春秋》，赞明《易》道，垂训后嗣，以为法式。"《史记·孔子世家》曰："孔子以《诗》《书》《礼》《乐》教。"《礼记·王制》曰："顺先王《诗》《书》《礼》《乐》以造士，春秋教以《礼》《乐》，冬夏教以《诗》《书》"，如此等等。但根据数理统计，在《论语》中，六种教材出现的频率具有很大的差异。具体而言，《诗》及其相关引文共17见，《书》的相关条目为4见，《礼》为74见，《乐》为21见，《易》为2见，《春秋》为0见。可以看出，《礼》《乐》《诗》出现的频率较高，三者在孔子的教学内容中应该占有更加重要的地位。下文拟依次分析孔子有关"六经"的叹辞。

一 "思无邪"的《诗》之叹

"诗"原指形成于西周初年至春秋中叶的诗歌，经孔子整理后，剩下311篇（现存305篇），始称"诗三百"，包括风、雅、颂三大类。孔子有关《诗》的叹辞，主要涉及《诗》的主旨、作用和为学次序。

就《诗》的主旨而言，孔子说：

> 诗三百，一言以蔽之，曰："思无邪！"（《论语·为政》）

钱穆指出，"思"为语气助词，"邪"当"虚"字讲，"思无邪"就是"无虚"。[①] 这句话的意思是："诗三百"都是真情流露之作，无巧言虚伪之辞。也就是《毛诗序》所谓的"在心为志，发言为诗"[②] 之意。

---

① 钱穆：《论语新解》，九州出版社2011年版，第21页。
② 程俊英：《诗经译注》，上海古籍出版社2006年版，第13页。

就《诗》的作用而言，孔子曾赞叹说：

> 诗，可以兴，可以观，可以群，可以怨！迩之事父，远之事君，多识于鸟兽草木之名。（《论语·阳货》）

《诗》的写作手法，是先言他物，再引出所咏之辞，故学《诗》可以引发心志，"可以兴"。《诗》中记有多国政治的兴衰成败，故学《诗》可以了解社会风俗的变化与各国政治的得失，"可以观"；《诗》教人以温柔敦厚，学之则轻薄嫉忌的不良习气会逐渐消除，可以改善人际关系，使人合群，"可以群"。《诗》中多有讽刺君主为政之不善者，言者能免于罪责，闻者亦能引以为戒，故学《诗》可以讽刺政治，"可以怨"。《诗》中有记述人伦之道者，故学《诗》在家可以事父母，在外可以事君上，"迩之事父，远之事君"。《诗》中还有诸多鸟兽草木之名，故学《诗》能够增加有关动植物的知识，"多识于鸟兽草木之名"。

此外，好好学《诗》，了解其中的治乱思想，还可以办政治，"颂《诗》三百，授之以政"（《论语·子路》）；了解其中的伦理思想，可以办教化，"其为人也，温柔敦厚，《诗》教也"（《礼记·经解》）；运用其中的比兴手法，可以"使于四方"，处理宾主会盟时对答、应酬的事务。所以，孔子说："不学《诗》，无以言。"不了解"诗三百"的内容与写作手法，就无法在当时重大的场合，发表合乎时宜的言辞。

就《诗》的情感表达而言，孔子赞叹说：

> 《关雎》，乐而不淫，哀而不伤！（《论语·八佾》）

《关雎》是《诗经·周南》的第一篇，是以雎鸠的叫声开头，兴起文王思得淑女，以为后妃的诗歌。孔子评论该诗"乐而不淫，哀而不伤"，主要是就其情感表达的合宜而言。在未得"淑女"时，文王的情绪是"哀"，但哀不至于伤，只是"寤寐思服，辗转反侧"；在既得"淑女"后，文王的情绪是"乐"，但乐亦不至于淫，只是"琴瑟友之""钟鼓乐之"。整个过程中，情感的流露真实而自然，"发而皆中节"，所以孔子赞叹《关雎》，称赞它的情感表达合乎中道。

就《诗》的为学次序而言，孔子说：

> 人而不为《周南》《召南》，其犹正墙面而立也与！（《论语·阳货》）

《诗》的学习应居于首位。无论是教导年轻弟子，"小子何莫学夫诗"，还是教育自己的儿子，"女为《周南》《召南》矣乎"，孔子都建议他们从《诗》开始学习。这主要出于两个原因：第一，《诗》本乎性情，是真情之流露，为学始于《诗》，则"振奋之心、勉进之行油然生矣"[1]，故修身当先学《诗》。第二，《诗》之首二篇即为《周南》《召南》，其中多言夫妇之道，学之可正人伦之始，故齐家亦先学《诗》。

二 "郁郁乎文哉"的《礼》之叹

孔子所说的"礼"，主要指"周礼"。它起源于远古时期的祭祀仪式，经周公改造后，逐步演变为维持国家运转和社会秩序的一种行为规范。孔子对"礼"的叹辞，主要涉及"礼"的特征、作用和本质。

> 子曰："周监于二代，郁郁乎文哉！吾从周。"（《论语·八佾》）

在孔子看来，周礼是在夏、商两代礼仪的基础上进行了适当的损益，既有礼的本质，也有礼的条文。周礼"礼仪三百，威仪三千"（《礼记中庸》），是当时最完备的礼仪。"郁郁乎文哉"，"郁郁"是文质合宜之谓。在周礼中，文与质达到了恰到好处的平衡，所以孔子说："吾从周。"意思是："我办政治，即从周礼，依乎中道而行。"[2]

就"礼"的作用而言，孔子感叹说：

> 能以礼让为国乎，何有！不能以礼让为国，如礼何！（《论语·里仁》）

---

[1] 程树德：《论语集释》，中华书局2013年版，第685页。
[2] 李炳南：《论语讲要》，长江文艺出版社2011年版，第49页。

君子义以为质，礼以行之，孙以出之，信以成之。君子哉！（《论语·卫灵公》）

礼的作用可概括为两个方面：对个人而言，学礼能够立身，是君子为人处事的行为准则，孔子说："立于礼。"（《论语·泰伯》）朱熹注："学者之中，所以能卓然自立，而不为事物所摇夺者，必于此而得之。"① 同时，学礼也是提高道德修养的基本前提，所谓"道德仁义，非礼不成"（《礼记·曲礼》）。君子广泛地学习《诗》《书》《礼》《乐》等人文知识，只有通过学礼，知晓人情世故，才能将往日所学合乎中道地付诸实践，而不会走向离经叛道的极端。对国家而言，礼是治国之根本。如果君子能够崇尚贤能而礼让其下，小人能够好好做事而礼敬其上，上下均以礼相待，那么邪恶之人就会被罢黜疏远，一国之内就会形成相互礼让的和谐局面。相反，如果君子喜欢夸耀自己的功劳而凌驾于他人之上，小人乐于夸耀自己的技艺而看不起君子的德业，上下无礼可依，那么一国之内就会崇尚争权夺利而陷入混乱。故《礼记·礼运》曰："治国不以礼，犹无耜而耕也。"

就"礼"的本质而言，孔子亦多有感叹之辞，如：

礼云礼云，玉帛云乎哉！（《论语·阳货》）

人而不仁，如礼何？人而不仁，如乐何？（《论语·八佾》）

居上不宽，为礼不敬，临丧不哀，吾何以观之哉！（《论语·八佾》）

大哉问！礼，与其奢也，宁俭。丧，与其易也，宁戚。（《论语·八佾》）

礼的根本在于人心，玉器与束帛只是它的装饰而已。就整体而言，礼的根本是推己及人的爱人之心，也就是"仁"。所谓"郊社之义，所以仁鬼神也；尝禘之礼，所以仁昭穆也；馈奠之礼，所以仁死丧也；乡射之礼，所以仁乡党也；食飨之礼，所以仁宾客也"（《礼记·仲尼燕居》）；

---

① （宋）朱熹：《四书章句集注》，上海古籍出版社2006年版，第134页。

就部分而言，丧礼以哀为本，祭礼以诚为本，军礼以勇为本，宴礼以让为本，待人以敬为本等。如果身居上位的君子，对待下属没有宽容平和的心态，施行礼仪没有恭敬审慎的仪态，临遭丧事没有哀戚伤心的神态，那么这个人的教令施为、进退之节与处世之道也就不足观了。

三 "洋洋乎盈耳哉"的《乐》之叹

"乐"与"诗""礼"常常同时出现，也是周朝文化的重要组成部分。在《论语》中，孔子的叹辞也主要涉及"乐"的特征、作用和本质。

"乐"的主要特征是"和"。

> 子曰："师挚之始，《关雎》之乱，洋洋乎盈耳哉！"（《论语·泰伯》）

"师挚之始"是鲁太师挚率领演奏音乐的瞽者登台唱歌。"《关雎》之乱"是最后所奏《关雎》等六篇诗的合乐。无论最初的唱歌，还是最终的合乐，都需要乐师间亲密配合才能演奏出优美的乐曲。故《礼记·乐记》曰："乐者，天地之和也""和，故百物皆化"，又曰："乐和民声"。师挚所演奏的《关雎》等诗篇，显然符合"和"的宗旨，所以孔子以"洋洋乎盈耳哉"盛赞之。

"乐"的主要作用有三个：显德、知人与治国。

> 子谓《韶》："尽美矣，又尽善也！"谓《武》："尽美矣，未尽善也！"（《论语·八佾》）

《礼记·乐记》曰："王者功成作乐"，乐的重要作用之一是彰显王者的德性。如，《韶》所美者，帝舜之德也，帝舜受帝尧禅让而有天下，无为而治，所以其乐平和，可谓尽美尽善；《武》所美者，武王之德也，武王起兵伐纣，壹戎衣而有天下，所以《武》乐有杀伐之声，虽然尽美但未能尽善。又《礼记·乐记》曰："乐也者，圣人之所乐也，而可以善民心，其感人深，其移风易俗，故先王著其教焉"，乐的另一重要作用便是教化百姓。所以，孔子到达武城后，听到弦歌之声，即知子游正在用礼乐之道教化小邑的百姓。子游引孔子之言说:"君子学习了礼乐之道就会懂得爱人,小人学习了礼乐之道就容易役使。"君子与小人道合,有利于良风美俗的形成。

"乐"发乎人之性情。透过"乐",可以知人。

> 子曰:"由之瑟,奚为于丘之门。"门人不敬子路。子曰:"由也,升堂矣!未入于室也。"(《论语·先进》)
>
> 子击磬于卫。有荷蒉而过孔氏之门者,曰:"有心哉,击磬乎。"既而曰:"鄙哉,硁硁乎,莫己知也,斯己而已矣。深则厉,浅则揭。"子曰:"果哉。末之难矣!"(《论语·宪问》)

"瑟"是一种弦乐器。《白虎通·礼乐》篇曰:"瑟者,啬也,闲也,所以惩忿窒欲,正人之德也。"因此,弹瑟时要心平气和,表现出闲啬之义。子路鼓瑟于孔子之门。先儒认为,子路鼓瑟有北鄙杀伐之声。所以,孔子说:"我门中的弟子仲由为何会弹奏这样的音调呢?"说明孔子通过瑟声能了知子路的心意,认为这不符合弹瑟的那种心平气和的意味。卫之荷蒉者同样是通过击磬之声了解到孔子的心意。他指出,"敲出这种硁硁声的人是一位意志坚定,在乱世中依然要勉强作为的人"。由此可见,透过"乐"的韵律或节奏,确实可以对演奏者的心意做出一定的揣测,由"乐"而知人。

在孔子看来,"乐"的本质也是"仁"。他曾说:

> 乐云乐云,钟鼓云乎哉!(《论语·阳货》)

又说:

> 人而不仁,如乐何?(《论语·八佾》)

"乐"的本质,不是钟鼓等演奏音乐的器具。人先有和气,然后才能发之以钟鼓。从根本处而言,发乎"乐"的,依然是仁者爱人之心。若没有"仁"的精神,"乐"就无法起到修养德行、教化世人的效果,而只是一种闻于耳的旋律而已。《礼记·乐记》云:"乐者,乐也。君子乐得其道,小人乐得其欲。以道制欲,则乐而不乱,以欲忘道,则惑而不乐。"使君子、小人通过"乐"合于道,才能使天下"乐而不乱",立己立人,成己成人,这正是仁者爱人的表现。由此,"乐"的本质也是"仁"。

四 "人君辞诰之典"的《书》之叹

"书"者,《尚书》也。《尚书正义》指出,该书是"人君辞诰之典,右史记言之策",主要记载了对后世具有教化意义的王者之辞。读《书》能够使人知识通达而又了解历史,所谓"疏通知远,《书》教也"。

《论语》中有关《书》的孔子叹辞只有两见,均是记述《尚书》的功用。

> 子曰:"《书》云:'孝乎惟孝,友于兄弟',施于有政,是亦为政,奚其为为政?"(《论语·为政》)
> 子张曰:"书云:'高宗谅阴,三年不言',何谓也?"子曰:"何必高宗,古之人皆然。君薨,百官总己以听于冢宰三年。"(《论语·宪问》)

"孝乎惟孝"句出自《尚书·君陈》,记述了周成王任命君陈治理东郊时的训辞。成王认为,君陈有孝顺父母、友爱兄弟的美德,如果以此美德从政,一定可以把政治办好。"高宗谅阴"句出自《尚书·说命》,主要记述了商王小乙驾崩后,武丁居丧三年之事。

孔子的两次感叹,第一次感叹当是居鲁在家时。当时正逢阳虎等乱臣先后执政,非君子有为之时,所以有人问孔子为何不出仕为官,孔子引用《尚书》之言,意思是:虽然不在官位,但只要在家好好地施行孝友之道,就是在为政了;第二次感叹大概是有感于当时的人君已不能很好地施行"三年之丧"的通礼,所以借此说明"三年之丧"的重要性及具体的做法。由此二例,可以看其:其一,《尚书》中含有颇多为政之道,是君子治国化民所依据的重要典籍;其二,根据《尚书》的言辞,可以对当下各国的执政状况做出一定的判断,进而提出合理的改善措施。

五 "可以无大过"的《易》之叹

《易经》是一本公认的占卜之书,传说最初由伏羲氏画八卦,然后文王推演为六十四卦并作卦辞,之后周公作爻辞,孔子作《易传》等,已无法详细考察。但人们普遍认为,《易经》是"一个具有先进的哲学内容和落后的卜筮形式的矛盾统一体"①。

《论语》中,孔子关于"易"的叹辞只出现以下两例:

> 子曰:"加我数年,五十以学《易》,可以无大过矣。"《论语·述而》
>
> 子曰:"南人有言曰:'人而无恒,不可以作巫医。'善夫!""不恒其德,或承之羞。"子曰:"不占而已矣。"《论语·子路》

由这两例叹辞来看,在孔子眼中,《周易》最大的作用不是占卜,而是指向使自身"无大过"的道德修养。《易经》中的若干阐释也可以佐证这一观点。如,孔子在发挥《复》卦初九爻辞"不远复,无祗悔,元吉"时,说:"颜氏之子其殆庶几乎!有不善未尝不知,知之未尝复行也。"② 颜渊之所以能接近大道,正是由于他具有知过的明睿与改过的诚笃,不会一而再,再而三地犯同样的错误。"不恒其德,或承之羞"出自《周易》《恒》卦,本义指夫妇之道不可以不长久。九三"不恒其德,或承之羞",原指妇人在家庭中由于性格过刚而导致家庭矛盾,不能维持夫妇之间的和谐关系,最终被丈夫抛弃。这里被孔子用于形容一个人没有恒心,就不能成为一个品德牢固的人,也难以取得一定的成就。这种没有恒德的人心意总是变化无常,所以他即使占卜也不能得到可靠的结果。

由此二例可知,孔子晚年喜《易》、"韦编三绝"。实际上,他真正看重的是《易经》在君子的道德修养中所发挥的不可估量的作用。

---

① 金景芳、吕绍刚、吕文郁:《孔子新传》,湖南出版社1991年版,第195页。
② 朱高正:《易传通解》,华东师范大学出版社2015年版,第70页。

六 "知我罪我"的《春秋》之叹

孟子曰:"王者之迹熄而《诗》亡,《诗》亡然后《春秋》作"①。由于世道衰微,大道难行,臣弑君、子弑父的现象经常发生,孔子唯恐天下长久失道,于是作《春秋》以拨乱反正,记"君不君,臣不臣,父不父,子不子"之事,使乱臣贼子惧。在写作手法上,为了与当权者不产生直接的政治冲突,孔子采用了"微言大义"的写作方式。

孔子有关《春秋》的叹辞,未见于《论语》。稽诸史料有以下两例:

> 孔子曰:"知我者其惟《春秋》乎!罪我者其惟《春秋》乎!"(《孟子·滕文公》下)
>
> 《春秋》曰:"西狩获死麟。"人以示孔子。孔子曰:"孰为来哉?孰为来哉?"反袂拭面,泣涕沾襟。(《论衡·指瑞》)

在这两例叹辞中,首叹表达了孔子著作《春秋》的忧虑与责任。著作历史,予以褒贬,这本是王者的职责,孔子未居其位而谋其政,有违背礼仪之嫌,故他忧虑地叹道:"罪我者,其为《春秋》乎!"责任感则表现在孔子作《春秋》的目的在于拨乱反正,后人借此可以了解到孔子的仁义之道与为政之道,故有"知我者,其唯《春秋》乎"之叹。次叹是孔子对麒麟生不逢时的惜叹。麒麟本是瑞兽,生于乱世而不得其死,犹如士人生不逢时而不见用。该叹既包含了孔子对天下无道的感叹,也包含着对自身命运的感叹。由此二例可以看出:《春秋》主要记述了东周时期各国君臣乱政的历史,其中包含着孔子的治世思想与仁义之道,对后世治国教化具有重要意义。

从上述分析,可以看出:《诗》《礼》《乐》在孔子及其弟子的为学内容中占据了主体地位,《书》《易》与《春秋》则居于次要地位。造成这种现象的可能性原因,一是"六经"出现的时间不同。《诗》《礼》《乐》《书》,虽然也经过了孔子的删编与整理,但在早期就已经成为孔门的重要教材,零散地应用于日常学习之中。而据史料记载,孔子晚年才开

---

① 杨伯峻:《孟子译注》,中华书局2008年版,第148页。

始精研《周易》，《春秋》则绝笔于他离世的前两年，这意味着孔子不可能有足够的时间和精力将这两门科目传授给更多的弟子。二是"六经"的难易程度不同。相比于《诗》《书》《礼》《乐》等共同科目，《春秋》与《易经》的学习难度更大，能窥得其中奥妙的大概只有子贡、子夏、曾子等几名入室弟子。由此，可以大致做出以下判断：在"六经"中，《诗》《书》《礼》《乐》应当是孔子及其弟子为学的基本科目，为诸弟子所共修；《易》与《春秋》则是相对高等的科目，主要针对那些已经登堂入室的弟子。

第三节 弟子之叹

孔子首创私学，实行"有教无类"，其门下弟子之多，不计其数。司马迁曾形容说："弟子盖三千焉，身通六艺者，七十有二人。"（《史记·孔子世家》）而根据陈桂生先生的考证，从《论语》所透露的孔子授业氛围来看，孔门弟子与三千之数恐怕相去甚远，同时也没有足够的史料证明"七十子"皆是"身通六艺"的贤能之士。[①] 但从鲁、卫等国对孔门弟子的任用，以及孔子对弟子的评价来看，孔门之下人才济济也是显而易见的事实。

孔子说："自行束脩以上，吾未尝无悔焉"（《论语·述而》），又说："学而不厌，诲人不倦，何有于我哉！"（《论语·述而》）可见，在教书育人方面，孔子付出了大量的时间与精力。无论是居鲁授徒期间，担任司寇期间，还是周游列国期间，孔子与弟子之间的互动都十分频繁，并且针对弟子各方面的特点、内涵、能力、命运等发出过诸多叹辞。经过梳理，大致可以把孔子对弟子的叹辞分为：弟子"贤能"之赞叹、弟子"不肖"之感叹与弟子"早夭"之惜叹。

一 弟子"贤能"之赞叹

根据教育学观点，教师应该给予学生及时且适当的正面评价，这有利于学生良好行为的强化和身心的健康发展。在先秦时期的教育场域中，孔

[①] 陈桂生：《孔子授业研究》，教育科学出版社2012年版，第8页。

子也对弟子的"贤能"进行了适当称赞,这些称赞对弟子的成长具有重要作用。

孔子对弟子"贤能"的称赞,首先表现在对弟子"德行"的认可上。如:

> 子曰:"孝哉,闵子骞!人不间于其父母昆弟之言。"(《论语·先进》)

闵子骞是孔门德行科的弟子,以孝行名闻天下。据《说苑·佚文》所载,闵子骞早年丧母,他的父亲又续娶了一个妻子,之后又产下两个儿子。继母偏爱己生的两个儿子,冬天给他们穿絮满了丝绵的衣服,而给闵子骞穿絮满了芦花的衣服。芦花蓬松,虽然做出的棉衣看起来很厚,却一点也不暖和。一次,闵子骞为父亲驾车,因为天冷而握不住缰绳。父亲呵责他,他也不申辩。后来,父亲发现了事情的真相,想要休掉他的继母。闵子骞却向父亲求情说:"母在一子寒,母去三子单。"意思是,继母在的时候,两个弟弟尚能穿上棉衣,只有闵子骞一人受冻;如果继母不在了,三人都穿不上棉衣,两个弟弟都要跟着忍受冻馁。他的父亲被这一番话所感动,于是放弃了休妻的想法。他的继母也是既感激又羞愧,继而痛改前非转变成慈母。他的两个弟弟也深受感动,成长为尊重兄长、履行悌道的弟弟。闵子骞通过孝行使家庭和睦,这让外人对他的父母兄弟没有闲话可说。所以,孔子赞叹他说:"孝哉,闵子骞!人不间于其父母昆弟之言。"

这种对弟子"德行"的认可,还表现在对其"尚德"品质的赞赏上。

> 南宫适问于孔子曰:"羿善射,奡荡舟,俱不得其死然;禹稷躬稼,而有天下。"夫子不答,南宫适出。子曰:"君子哉,若人!尚德哉,若人!"(《论语·宪问》)

南宫适即南宫子容,也被称作南容,是孔门的杰出弟子。南宫适请教孔子说:"羿精通射箭,奡的力气大到能在陆地上荡舟,两人都凭借武力夺得天下,最后也都是身死国灭,不得善终。大禹治水,稷教民稼穑,两人都因为有功于民而得天下，他们活着的时候身居显位，死后子孙也受其益。这是为什么呢？"孔子没有说话。等到南宫适退下后，孔子赞叹他说："这人真是个君子啊，这人真崇尚德行啊！"

美好的"德行"不仅是个人道德修养的展现，也是国家得到良好治理的必要条件。《礼记·中庸》曰："为政在人，取人以身。"为政者选拔人才主要是以自身为标准进行的，所谓"一家仁，一国兴仁；一家让，一国兴让"（《礼记·大学》）。如果为政者本身就是一个"尚德"之人，那么他选拔的人才也多是具有美好"德行"的君子。相反，"一人贪戾，一国作乱"。如果为政者本身是一个贪戾之人，那么他选拔的人也都是贪婪暴戾之辈，离国家大乱也就不远了。可以说，"尚德"对于为政者来说至关重要。

其次，孔子对弟子"贤能"的称赞，还表现在对弟子各方面能力的认可上。如在为政方面：

子曰："雍也，可使南面。"（《论语·雍也》）

"雍"即冉雍，字仲弓，是孔门德行科的弟子。"南面"是人君听政之位，后引申为一般的从政者。孔子认为，冉雍具有很强处理政务的能力，可以担任统揽一方事务的长官。《论语·雍也》曾谈到冉雍的政治主张。他认为，为政者应该"居敬而行简"，在治理百姓过程中，谨慎地处理自己职责内的事务，而政令一旦颁布下去，让百姓施行时，就应该简而不繁。如果为政者"居简而行简"，对待政事不能小心谨慎，政令的施行又过于简单粗暴，那么就会陷入政治荒废的状况。又仲弓曾担任季氏的邑宰，孔子建议他"先有司，赦小过，举贤才"，也就是使自己的臣属都各司其职，原谅他们小的过失，举荐德才兼备的贤才。"雍也，可使南面"正表达了孔子对仲弓为政能力的认可。

在断狱方面，孔子曾经称赞过善于断案的子路。

子曰："片言可以折狱者，其由也与！"（《论语·颜渊》）

"片言"谓只言片语。古往今来，凡主持判案的听讼者，都要通过兼听诉讼双方的言辞,来判定善恶是非。子路在听过双方言辞后,能够很快判断出他们之间的是非曲直,然后以三言两语来批示判决,使诉讼双方都心服口服。这种"片言折狱"的断狱能力,一方面与听讼者的逻辑推理能力和人情通达能力有关,因为诉讼双方多是"直己以曲彼",借助逻辑和人情方面的优势,听讼者可以发现诉讼双方有意隐瞒的真相,从而有利于案情的审理;另一方面,这种断狱能力还和听讼者本身的道德修养有关。子路本身具有忠信的德行,这对案件的审判很有帮助。正如李炳南先生所说:"子路为人忠信刚直,刚则明,明则断,所以孔子赞许他片言可以折狱。"①

此外,孔子还称赞过其他弟子的优点,如"由也果",子路果敢决断;"赐也达",子贡通达事理;"求也艺",冉求多才多艺等。这些优点多是在弟子不同性格或禀赋的基础上,经过孔子多年教导后逐渐形成的,而且无一例外的是,他们都具有办政治的能力,这大概与儒家的入世导向和他们各自的志向有关。

最后,孔子对能够"发明师教"的弟子也多有赞叹。

孔子重视自己学问的理论基础。他说:"述而不作,信而好古"(《论语·述而》),认为一个人的学问、思想,应该建立在前人之学的基础上,不能毫无根据地妄加创作,不学则不知,所以贵能信古人之有道者,好古人之朴实者。但同时,"好古"也不意味着一味法古,完全不创作。孔子说:"温故而知新,可以为师矣"(《论语·为政》),能够站在旧有之学的基础上,不断开发新知,使新旧学问融会贯通,始可以成为合格的教师。因此,在孔子教导弟子过程中,他并不以能够复述他观点的弟子为上,相反,他十分欣赏那些能够"发明师教"的弟子。如:

> 子曰:"吾与回言终日,不违如愚,退而省其私,亦足以发。回也不愚!"(《论语·为政》)

颜回整天听孔子讲学,自始至终,没有什么疑问,看起来好像愚人一样。经过考察后,孔子赞叹他说:"回也,不愚!"虽然颜回没有在孔子

---

① 李炳南:《论语讲要》,长江文艺出版社 2011 年版,第 211 页。

讲学过程中提出具有建设性的问题，但他在私下的言行中、与诸弟子的研讨中，能够对自己所闻的义理进行很好的发明。默而识之，有所发明，正是孔子所深许，故赞叹之。类似的案例还可见于孔子与子贡、子夏的互动：

> 子贡曰："贫而无谄，富而无骄，何如？"子曰："可也。未若贫而乐，富而好礼者也。"子贡曰："《诗》云：'如切如磋，如琢如磨'，其斯之谓与？"子曰："赐也，始可与言诗已矣！告诸往而知来者。"（《论语·学而》）
>
> 子夏问曰："'巧笑倩兮，美目盼兮，素以为绚兮'，何谓也？"子曰："绘事后素。"曰："礼后乎？"子曰："起予者商也，始可与言《诗》已矣！"（《论语·八佾》）

子贡与子夏的情况相似，都是对《诗经》中的某句话进行了发明，孔子称赞他们说："始可与言《诗》已矣。"不同之处在于：子贡与孔子的对话，先涉及的是贫、富与礼的关系。子贡问："虽然贫穷但不谄求他人，虽然富有但不以富骄人，这样的德行算是不错了吧？"孔子回答说："可以了，但尚不如虽然贫穷但能够安贫乐道，虽然富有但能够待人以礼。"子贡发现，通过向孔子请益，自己的认知水平不断地得到提高，这一过程就像是玉石经过切磋琢磨始能成器一样，于是引《诗》证之，这就是所谓的"如切如磋，如琢如磨"吧。孔子贵其能将当下的研讨与之前所学的《诗》相联系，发明其中的深意，故赞叹他："始可与言诗已矣。"子夏与孔子的对话，则是先涉及《诗经》中的诗句。子夏向孔子请教："'巧笑倩兮，美目盼兮，素以为绚兮'，这句诗是什么意思呢？"孔子回答说："先有美的质地，然后才有美的姿态。就像绘画，先要有白色的底，然后才能施加颜色。"子夏于是悟到，礼的教化过程，也是教育对象先要有忠信的质地，然后再教之以礼仪，始能培养出文质彬彬的君子，故问孔子："礼后乎？"孔子贵其能发明《诗》中的义涵，将诗文的原意与礼乐的教化相联系，故赞叹他："始可与言《诗》已矣。"

从孔子对三位弟子的赞叹，可以发现：孔子对待文化的态度是，在继承前人经验的基础上有所创新，但不能是没有根本的创新。孔子所发明的仁学，就是建立在尧、舜、禹三王和文、武、周公等往圣先贤所作的礼乐文化之上。继承也不能是一成不变的继承，孔门弟子所传达的孔子之道，正是在继承师教的基础上，结合时代要求与日常经验所进行的合理发挥。

二 弟子"不肖"之慨叹

除了正面的评价，对学生的不良行为进行适当的负面反馈，也是教师教导学生的重要方式。在孔门的教学场域中，孔子也对弟子的不良行为或不好的心理状态进行了批评。结合"孔子之叹"的角度，我们不妨称之为：对弟子"不肖"之慨叹。

孔子对"宰予昼寝"的批评，是他对弟子的"不肖"行为所发出的最严厉的一次慨叹。

> 宰予昼寝。子曰："朽木不可雕也，粪土之墙不可杇也，于予与何诛！"子曰："始吾于人也，听其言而信其行；今吾于人也，听其言而观其行，于予与改是。"（《论语·公冶长》）

"宰予"，字子我，是名列孔门言语科的弟子。"昼寝"是白天进入卧室休息。古时科技落后，人们日出而作，日落而息，所以格外珍惜白天的时光。《论语后录》曰："古者君子不昼居于内，昼居于内，问其疾可也。"[1] 表明古代的君子只有在生病的时候才会在白天进入卧室休息。孔子见宰予身体康健，却白天躺在卧室里睡大觉，于是不无感慨地说："腐朽的木头不能再加以雕刻，秽土砌成的墙不能再加以粉饰，像宰予这样的人，我还能责备他什么呢？"深责之意溢于言表。白天睡觉本不是什么大事，何以孔子深责宰予？朱熹认为，这是因为"昼寝"会导致人的志气昏惰，使老师失去对他施教的机会。孔子知道宰予胸怀大志，按理说应该勤勉为学，才能每日精进，成为未来的可造之才。但如果宰予每天都躺在寝室睡大觉，那么他的志气定会日益衰弱，长此以往，所导致的结果必然是成为志大行疏、空有大言的人而已。所以，孔子将他比喻为"朽木"和"粪土之墙"而深诫之，实在是对他寄予了厚望。

---

[1] 程树德：《论语集释》，中华书局2013年版，第401页。

除"宰予昼寝"的慨叹之外，孔子还曾对冉求的"不肖"行为进行过严重警告。

> 季氏富于周公，而求也为之聚敛而附益之。子曰："非吾徒也。小子鸣鼓而攻之可也。"（《论语·先进》）

"季氏"指季康子，"周公"指当时周天子的宰卿。季氏家族的财产比当时周天子的宰卿周公还要多，冉求作为季氏的家宰，还帮助他不断地聚敛资财，使他更加富有。孔子感叹说："冉求不是我的徒弟呀！你们可以打着鼓去声讨他。"儒家向来推崇轻徭薄赋的为政策略，认为百姓的安居乐业是国家兴旺发达的基础。《礼记·大学》曰："财聚则民散，财散则民聚"，为政者聚敛财富所导致的直接后果就是百姓的负担加重，生活困苦，甚至会背井离乡。所以，加征赋税、聚敛资财为孔子所厌恶。表面看来，孔子对冉求的批评要比宰予重得多，因为他声称帮助季氏聚敛的冉求已不再是他的徒弟。但事实上，聚敛行为的主谋是季康子，冉求在很大程度上是被他所担任的职务裹挟而已，并非有意使季氏益富。孔子认为，为人臣者，"以道事君，不可则止"（《论语·先进》），在君上出现政治上的失误时，应该以仁道来匡正他，如果反复进谏都不听从，就要离开他。而依照冉求"求也退"的性格特点，在季氏向民众加征税赋时，他更多地选择了服从而不是据理力争，所以孔子称他为"具臣"，只是用来充数的臣子罢了，不能起到"以道事君"的作用。在这里，孔子不责备季康子而责备冉求，是因为季康子不值得责备，或者即使责备也没有效果。而冉求作为自己的学生，孔子希望他能够成长为心中有道、进退以道，并且能够"以道事君"的"大臣"。

再次，在孔子眼中，"志小"也是弟子"不肖"行为的重要表现，因此，《论语》中也多有孔子对弟子"志小"的慨叹。

> 樊迟请学稼。子曰："吾不如老农。"请学为圃。曰："吾不如老圃。"樊迟出。子曰："小人哉，樊须也！上好礼，则民莫敢不敬；上好义，则民莫敢不服；上好信，则民莫敢不用情。夫如是，则四方之民，襁负其子而至矣，焉用稼？"（《论语·子路》）

冉求曰："非不说子之道，力不足也。"子曰："力不足者，中道而废，今女画。"（《论语·雍也》）

子谓子夏曰："女为君子儒，无为小人儒。"（《论语·雍也》）

孔子道大，为弟子所共知。颜回说："仰之弥高，钻之弥坚；瞻之在前，忽焉在后"（《论语·子罕》），子贡说："仲尼，日月也，无得而逾焉"（《论语·子张》），曾子说："仁以为己任，不亦重乎，死而后已，不亦远乎。"无论孔子发明的仁道，依据仁道修身所达到的道德境界，抑或通过推行仁道所达到的治理状况，都具有巨大的认知和实践上的困难。但仁道高远，并不意味着它不能达成。孔子说："有能一日用其力于仁矣乎，我未见力不足者"，又说："我欲仁斯仁至矣。"只要"志于仁"，心心念念都在学仁、行仁之上，仁道虽远必有能达成的一天。

樊迟"学稼""学圃"是见小而不能见大。古时虽然有后稷教民稼穑，但彼时社会正处于从采集渔猎文明向农业文明的过渡时期，丰产的种子和种植的技术能够最大程度改善人民生活质量，所以，后稷躬耕而有天下。但孔子时代最重要的问题是礼崩乐坏、社会秩序混乱，只有通过推行仁道、讲求信义、实施礼乐教化，才能革除时弊，救民于水火之中。樊迟不学"仁道"、不问礼乐，而问五谷与蔬菜的种植方法，所以，孔子叹曰："小人哉，樊须！"

冉求"自画"是囿限于才艺而不能见道。孔子说："求也艺"，意思是冉求是一个多才多艺的人。这类人一般都具有勤奋好学的特质，很少会出现"力不足"的现象。孔子认为，冉求不能见道主要是因为他过于偏重才艺，而缺乏求道之心。所以，孔子感慨冉求"志小"，勉励其立志于仁道，他说："修学仁道就像行路一样，力气不足的人是中途走不动了，这才停下来休息，而冉求你是自己划下界限不再前进啊。"

孔子对子夏的劝勉，也是希望他立志成为"君子儒"。依照《礼记·大学》的说法，儒者为学的路径包括格物、致知、诚意、正心、修身、齐家、治国、平天下八个条目。"小人儒"者，盖限于格、致、诚、正的"内圣"功夫而不能利益天下者。"君子儒"者，对内则格、致、诚、正修养自己的道德，对外则修、齐、治、平希望能利益到百姓。从《论语》中有关子夏的言行来看，确实比较多地集中在"内圣"方面。因此，孔子劝诫子夏要超出"小人儒"的藩篱,立志于"君子儒"的修学,学习能够利益天下的大学问。

此外,孔子也曾对其他的弟子的"不肖"之处进行过批评,如他曾批评子路说:"野哉,由也"(《论语·子路》),评论子夏、子张说:"师也过,商也不及"(《论语·先进》)。依着这些批评,多数弟子都对自己的不足之处进行了改正,最后成长为"志于仁""达于礼"且"合乎中道"的君子。

三 弟子"夭亡"之惜叹

孔子与其弟子间的感情亲厚,"师徒如父子",当一些弟子因为一些特殊原因逝世时,孔子都非常伤心,继而发出惜叹。

在《论语》中,孔子对弟子"夭亡"的惜叹,主要是关于冉耕、颜回和子路。

从时间上来看,冉耕去世得最早。

> 伯牛有疾,子问之,自牖执其手,曰:"亡之,命矣夫!斯人也而有斯疾也!斯人也而有斯疾也!"(《论语·雍也》)

"伯牛"即冉耕。他患有恶疾,病重将亡,孔子前去探望他。冉耕家人因其身患恶疾,不愿让孔子进屋,于是师徒只能通过窗户做最后的诀别。孔子握着冉耕的手,感叹道:"将要丧失此人了,这难道是命吗?像他这样的人却要得这样的病,像他这样的人却要得这样的病!"

冉耕小孔子七岁,是孔子最早期的弟子之一。他危言正行,受到同辈的景仰,并且名列孔门德行科,仅次于颜回和闵子骞。[①] 冉耕无过恶而得恶疾,孔子将之归结为"天命"。这种"天命"具有不可控性,不以人的意志为转移,它的性质也有好有坏。如以瞽叟之"不肖"而生大舜是"天命",以帝舜之圣明而生商均也是"天命"。儒家认为,君子对待天命的态度应该是"居易以俟命"(《礼记·中庸》)。在"天命"到来之前,好好地充实自己的内涵和提高自己的办事能力。如果"天命"允许,就

[①] 蔡仁厚:《孔门弟子志行考述》,台北:台湾商务印书馆1969年版,第41页。

出仕为官，做一番利国利民的大事业；如果"天命"不允许，就"隐居以求其志"，好好地把"仁道"传承下去，以待未来之明君。冉伯牛具有圣人的雏形，原本是孔门"仁道"的继承者和弘扬者。但在孔子看来，"天命"让其早夭，等于是"天命"让"仁道"消亡。所以，孔子感叹道："亡之，命矣夫"，这里面既包括了对伯牛早夭的惜叹，也包括了对"仁道"消亡的哀叹。

颜回之死在时间上晚于冉耕，但应该是最令孔子伤心的一次。《论语》的多个条目都记载了孔子对颜回"早夭"的惜叹。

> 颜渊死，子曰："噫，天丧予！天丧予！"（《论语·先进》）
>
> 颜渊死，子哭之恸。从者曰："子恸矣。"曰："有恸乎？非夫人之为恸，而谁为！"（《论语·先进》）
>
> 颜渊死，门人欲厚葬之。子曰："不可。"门人厚葬之。子曰："回也，视予犹父也。予不得视犹子也。非我也，夫二三子也！"（《论语·先进》）
>
> 子谓颜渊曰："惜乎！吾见其进也，未见其止也。"（《论语·子罕》）
>
> 哀公问："弟子孰为好学？"孔子对曰："有颜回者好学，不迁怒，不贰过，不幸短命死矣！今也则亡，未闻好学者也。"（《论语·雍也》）
>
> 季康子问："弟子孰为好学？"孔子对曰："有颜回者好学，不幸短命死矣！今也则亡。"（《论语·先进》）

颜回是孔子最得意的弟子。在孔子眼中，他的优点颇多，是孔门"最可爱的人"。例如，颜回是弟子中最好学的人，经由"好学"达到了"不迁怒，不贰过"的境界；也是最具仁德的人，"回也，其心三月不违仁，其余则日月至焉而已矣"（《论语·雍也》）；还是最能"安贫乐道"的人，"一箪食，一瓢饮，在陋巷，人不堪其忧，回也不改其乐"（《论语·雍也》）；如此等等。所以，孔子甚至说："吾亦使尔多财，吾为尔宰"（《孔子家语·在厄》），假使你有很多资财的话，我愿意给你当家宰。

如此勤奋好学、德才兼备的弟子，自然被孔子视作儒家文化的传承者与接班人。孔子说："用之则行，舍之则藏，唯我与尔有是夫"，这里既包括了对颜回内涵和能力的认可，也表达了孔子对他未来前景充满了期待。可以说，如果颜回不早夭，凭借他"闻一以知十"的质地，必能发明师教，促进儒学的多元化与体系化发展。但正是这位各方面都出类拔萃的弟子，却过早地去世了。根据李锴《尚史》的考证，颜回逝世时四十一岁，正是孔子自卫返鲁后的第三年。彼时，孔子已经是一位七十一岁的老人。颜回去世的消息，给他带来了巨大的精神打击。他连呼"天丧予，天丧予"，意思是"天要亡我呀！天要亡我呀！"悲痛之情流露无遗。他一向提倡"乐而不淫，哀而不伤"的合乎中庸的情感表达方式，但在吊哭颜回时，却伤心到"恸"。其他弟子劝慰孔子，孔子说："不为颜回恸哭，当为谁恸哭呢？"

可以看出，孔子与颜回的感情，犹如父子，甚至超越了父子。他伤心到"恸"的原因，一方面是亲如儿子的颜回离世所造成的感情创伤，另一方面则是儒家道统的继承者逝世所造成的精神打击，由此才会产生"天要亡我"的悲怆感。这种痛彻心扉的悲怆，应该持续了很长一段时间，每当孔子想到颜回时，都会痛惜他的离世。就连鲁哀公和季康子问"弟子孰为好学"时，他都显得心灰意冷，只是说："我曾经有个弟子颜回好学，但不幸短命死了，如今再也没有好学如他的了。"

颜回逝世后一年，孔子的另一位弟子子路死于卫乱，这是孔子晚年的又一沉重打击。据《公羊传·哀公十四年》记载，孔子对子路之死也发出了惜叹。

子路死，孔子曰："噫，天祝予！"

子路小孔子九岁，也是孔子最早的学生之一。他性格刚直，勇猛忠信，常在孔子游历期间，充当护卫的角色，孔子曾说："自吾有由，而恶言不入于耳。"（《孔子家语·七十二弟子解》）同时，他还有很强的为政能力，位列孔门政事科第二位，先后担任过季氏家宰、浦邑邑宰和卫国孔悝的家宰等。孔子曾称赞他，"由也，千乘之国，可使治其赋也"（《论语·公冶长》），对他领导军队方面的能力特别认可。他是孔子为政传道的重要辅佐者，孔子担任司寇之时，他担任季氏家宰，在政治与军事上予以帮助；孔子游历列国时，他随侍左右，担任孔子的赶车人。孔子说："道不行，乘桴浮于海。从我者其由与?"（《论语·公冶长》）即见他对子路的信任与依赖。

鲁哀公十四年，子路担任卫国贵族孔悝的家宰时，不幸卷入了蒯聩发动的政变。在这场政变中，为了营救被蒯聩劫持的孔悝，子路自愿入城，在一座高台之下被蒯聩的两名部下杀死，并被随后涌入的叛军砍成了肉泥。消息传到鲁国后，孔子哭之于中庭。情绪稍微和缓后，孔子问事情的来龙去脉。使者说："子路已被砍成肉泥。"孔子令左右弟子将桌子上的肉酱倒掉，说："我怎么还能忍心吃这些东西呢。""天祝予"中，"祝"是断的意思，这句话是说："天要亡我啊！"子路与颜回同为孔子的辅佐者，儒家文化的重要继承者，却先后去世，所以孔子感叹说："这是天要亡我啊。"

三位弟子的"夭亡"给晚年的孔子造成了巨大的心理创伤。但事实上，孔子晚年的遭遇又何止如此。从卫国返鲁国的前一年，他的妻子亓官氏因为积劳成疾，先他而去。鲁哀公十三年，颜回去世前夕，他的儿子孔鲤也不幸离世。鲁哀公十四年，叔孙氏的赶车人钮商在鲁国西郊狩猎时打到了一头异兽，众人皆不识，孔子看了说："此为麒麟。"古人认为，麒麟是一种瑞兽，只有在太平盛世的时候才会出现。孔子望着这头死去的麒麟，哀叹道："吾道穷也！"麒麟被杀和妻子、儿子以及弟子的逝世都可以算作"天命"的部分。孔子一生重视"天命"，他说："不知命，无以为君子也"（《论语·尧曰》），也曾对"天命"充满信心，"天生德于予，桓魋其如予何?"（《论语·述而》）天命如若在我这里，桓魋又能奈我何呢？但"天命"似乎一直在跟他开玩笑。他想要推行仁道，却不遇明君；想要藏道于民，却接连死了三个徒弟，甚至是常人所拥有的天伦之乐都不能享，老天待他何其不公。但从另一个角度来说，颜回与子路虽然死了，但曾子、子夏、子游等人却快速成长起来，成为传承儒家文化的中坚力量。子贡后来也出仕为官，为孔子学说和思想的推广做出了很大贡献。儿子孔鲤虽然死了，但孙子子思却贤明胜过孔鲤，成为孔子晚年的慰藉。

第四节　为教之叹的教育镜鉴

孔子是春秋时期第一批私学创办者中的杰出代表，也是中国古往今来最知名的一位教师。两千多年来，历朝统治者都将各种美谥加诸其身，如"天下木铎""万世师表""至圣文宣王""先师""大成至圣先师"等，多与他的教师身份有关。孔子曾自述说："默而识之，学而不倦，诲人不厌，何有于我哉？"（《论语·述而》）他热爱教育，并把教书授徒当作一生的志业。即使老而归鲁，衣食无忧，他也讲学不辍，直至生命尽头。孔门的诸多弟子，在他的谆谆教诲下，也多学有所成。司马迁曰："受业身通者，七十有七人，皆异能之士也。"[①] 可见其贤弟子之多。因此，孔子的"为教之叹"的教育思想对于当代教育教学的发展具有一定的借鉴意义。

一　多元化的教学方法

在"为教方法之叹"中，孔子使用了"叩则鸣"的问答法、"侍坐言志"的讨论法、"从游论道"的参观法和"历事而教"的实践法。通过"叩则鸣"的问答法与"孔子之叹"的结合，孔子对"仁"和"礼"的本质进行了深入挖掘，使儒家所推崇的"礼乐"具备了超越外在仪式的内涵，使"仁道"具备了可以付诸实施的具体路径。通过"侍坐言志"的讨论法与"孔子之叹"的结合，孔子对儒家思想的某些核心概念进行了不同角度的阐释，对孔门弟子的志向进行了了解与评析。通过"从游论道"的参观法与"孔子之叹"的结合，孔子不仅使弟子紧张的学习生活得到了舒缓，也寓教于乐，在轻松愉悦的氛围中，加深了弟子对儒家思想的理解。通过"历事而教"的实践法与"孔子之叹"的结合，孔子阐明了儒家的用财之道、教诲之道和用世之道，实现了孔门用世之心的传承与发展。可见，在日常教学中，为了达到既定的教育目标，孔子使用了多元化的教学方法。

教学方法是"在教学过程中，教师和学生为实现教学目的、完成教

[①] （汉）司马迁：《史记》，中华书局2011年版，第1937页。

学任务而采取的教与学相互作用的活动方式的总称"[①]。它是实现教学任务的必要条件，是联结教师"教"与学生"学"的纽带，是促进学生发展的有效途径，是提高教学质量和教学效率的重要保证。由于不同年龄的学生存在显著的个体差异，不同的教学内容也存在明显的学科和逻辑差异，多元化的教学方法成为教师传递教学内容、促进学生全面发展的必要手段。

20世纪后半叶以来，随着科学技术的迅猛发展与知识总量的急剧增加，世界范围内新的教学方法不断问世，教学方法的改革也浪潮迭起，如案例教学法、翻转课堂教学法、PBL教学法等。汪霞认为，现代教学方法的改革与发展呈现以下特点：其一，注重发展学生的智能，培养学生的创造力。其二，以学论教，重视对学习方法的研究。其三，重视学生情感在教学中的作用。其四，强调教学方法的整体化、综合化。[②] 受"应试教育"的影响，我国各级各类学校的教学方式一般以讲授法和问答法为主，长期存在教学方法单一、教学手段僵化的现象。近年来，由于经济的发展与政府的重视，学校增加了大量新型的教学设备和开放性的教学资源，但就教学方式而言，多数学校仍是以讲授法为主，只是通过新型设备将所要讲授的内容数字化、形象化。这种教学范式忽视了学生的主观能动性，也无法促进学生的全面发展和终身发展。

结合孔子"为教方法之叹"的教育思想与现代教学方法改革的特点，可以从以下几方面改进现在的教学方式：第一，改进教学评价的方式，促进教学评价的多样化发展。要改变教学方式的单一化，首先要改变简单机械的教学评价方式，使量化评价与质性评价相结合，他评与自评相结合，定期评价与经常性评价相结合，促进教学评价的全面性和科学性。第二，促进教学方法的多元化发展。由上可知，在教学过程中，孔子灵活使用了不同的教学方法，顺利实现了教学内容的传递和学生道德、能力的培养，体现了孔门教学方法的多元化。在当下的教育改革中，无论出于现代知识

[①] 钟启泉、汪霞、王文静主编：《课程与教学论》，华东师范大学出版社2008年版，第193页。

[②] 钟启泉、汪霞、王文静主编：《课程与教学论》，华东师范大学出版社2008年版，第196—197页。

与技能传递的需要，还是为了满足学生全面发展与终身发展的需求，学校教育都应该努力开发多元化的教学方法。这些教学方法既应该包括以语言传递为主的讲授法、谈话法、讨论法等，也应该包括以直观感知为主的演示法、参观法等，还应该包括以实际训练为主的练习法、实验法以及以问题为导向的发现法等。只有实现多元化教学方法的开发，才能满足学生全面发展的需求。第三，灵活运用并融合不同类型的教学方法，形成若干成熟的教学范式。教师可以与熟知教学方法的研究者合作，根据教学内容的不同，尝试融合不同类型的教学方法以形成若干成熟的教学范式，并在教学过程中进行适当调整，从而实现教学方法的多元化与科学性发展。

二 综合性的教学内容

在"为教内容之叹"中，孔子对孔门的教学内容"六经"进行了赞叹或感叹。在《诗》方面，孔子认为，《诗》的主旨是"思无邪"，也就是没有巧言虚伪之辞，均是真情流露；《诗》的作用是可以办政治、办教化、办外交、明人伦；《诗》的情感表达是"乐而不淫，哀而不伤"，合乎中道。在《礼》方面，孔子指出，"礼"的本质是"立人达人"的"仁爱"之心，其中，丧礼以哀为本，祭礼以诚为本；"礼"的作用是确定行为准则，提高道德修养，崇尚贤人能士，规范社会秩序。在《乐》方面，孔子认为，"乐"的主要特征是"和"，"和，故百物皆化"；"乐"的主要作用包括彰显王者德性、教化黎民百姓和了知他人心意；"乐"的本质是仁。在《书》方面，孔子认为，"书"是记录"人君辞诰之典"，主要作用是治国化民与针砭时政。在《易》方面，孔子认为，"易"的最大作用不是占卜，而是指向使人"无大过"的道德修养。在《春秋》方面，孔子将治国思想与仁义之道深蕴其中，对后世的治国与教化具有重要意义。由此可见，孔子所推崇的"六经"教育，包含了道德、政治、教育、伦理、礼仪、音乐、历史、言语、自然科学等诸多方面的知识，是颇具综合性的教学内容。

教学内容是教学活动不可或缺的要素，它是联结教师与学生的中介，是实现教学功能、展开师生活动的基础和依托。在整个教学体系中，教学内容具有十分重要的地位，起着至为关键的作用。[1] 在人类社会的发展过程中，教育内容随着社会生产方式的变化而变化。在原始社会时期，先民"不耕不稼""不织不衣"，过着"茹草饮水，采树木之实，食蠃蚌之肉"的生活，以采集为主要的生活来源。作为采集经济的主要承担者，妇女在此时负责教养儿童的责任，教育内容包括辨识植物、捕捉动物、采集植物的种子和果实等。进入氏族社会后，人类历史上出现了第一次社会大分工，生产经济与采集经济相分离，出现了农业和畜牧业。农业发展使人类进入了定居生活，"拘兽以为畜"的狩猎又催生了家畜驯养业，原始的天文学、纺织术、制陶术等也相继产生。此时的教育内容主要包括农作技术的培养和生活技能的训练。尧、舜、禹时期，由于个体家庭经济的发展和社会分工的进一步扩大，开始出现体力劳动与脑力劳动的分离，教育逐步分化为培养劳心者的专门教育和培养劳力者的社会教育，反映道德教育的"五典之教"与"礼乐之教"开始出现。待及夏、商、周时期，随着学校与文字的产生，逐渐形成了以"六艺"，即礼、乐、射、御、书、数为主要内容的教育，这种教育文武并重、知能兼求，成为统治阶层培养人才的重要路径。[2] 在孔子之后直到清末两千多年的封建社会中，儒家思想长期处于主体地位，教学内容以"四书五经"为主。清末民初，随着我国科学技术的发展和社会革命的兴起，教育学界才逐步构建出我国自己的教学内容系统，但整体说来仍是对日本、美国和苏联的教学内容的复制。20世纪90年代后，我国加速了教学内容的现代化进程，对不适应时代的陈旧内容进行了改革与淘汰，并及时将具有中国特色、适应时代发展的相关内容补充起来。但教学内容的现代化改革并非朝夕之功，它需要一个相当长的转化时期。就目前而言，我国教学内容依然存在知识型为主、专业化严重、可迁移性较差等问题。

借鉴"为教内容之叹"中孔子的教育思想，并结合教学内容的现代化发展，我们认为，可以提出以下几点建议：第一，促进教学内容由知识型向问题解决型转化。在当下的教学活动中，学生积累了大量的自然与人文方面的知识，但在现实的生活或工作中，却不懂得如何利用数学模型、

---

[1] 孙莉萍主编：《教学论》，辽宁大学出版社2012年版，第77—78页。
[2] 毛礼锐、沈灌群主编：《中国教育通史》，山东教育出版社1985年版，第94页。

函数关系、物理方法等解决实际遇到的问题。孔子说:"诵诗三百,授之以政,不达;使于四方,不能专对;虽多,亦奚以为?"(《论语·子路》)意思是学诗之后却不懂得为政之要与外交之道,即使诵诗三百,也没有什么益处。因此,现代化的教学必须转变教育观念,逐渐由知识型向问题解决型转化。第二,促进教学内容的综合化发展。当下高校培养的是专业性较强但知识面较窄的人才,只能适应所属部门的要求,不能满足新时代科技发展对人才的创新性与综合性发展的需要。孔子的教学内容包括《诗》《书》《礼》《乐》等,浓缩了道德伦理、历史典故、礼仪规范、为政方针、自然科学等诸多领域的知识,有利于学生创新性和综合性的发展。在当代教学内容的选择中,我们可以借鉴"为教内容之叹"的思想,适当地增加具有综合性和创新性的教学内容。

三 "师徒如父子"的师生关系

在"弟子之叹"中,孔子对弟子的"贤能"进行了赞叹,对弟子的"不肖"进行了慨叹,对弟子的"夭亡"进行了惜叹。在赞叹方面,他称赞了通过践行"孝道"使家庭和睦的闵子骞,"尚德不尚力"的君子南宫适,可以"南面"听政的仲弓,可以"片言折狱"的子路,能够"退省其私"的颜回,"告诸往而知来者"的子贡,以及能够发明师教的子夏等。在慨叹方面,孔子对宰予"昼寝"的行为提出了严厉批评,对冉求为季氏"聚敛"的行为做出了严重警告,对樊迟"问圃""问稼"进行了斥责。在惜叹方面,冉伯牛无过恶而得恶疾,孔子叹曰:"亡之,命也夫";颜回勤奋好学而早死,孔子叹曰:"噫,天丧予,天丧予";子路死于卫乱,孔子叹曰:"噫,天祝予!"在这些赞叹、感叹和惜叹中,我们可以看出,孔子与弟子形成了十分亲密的师徒关系。他的诸多弟子,如冉求、颜回、子路、子贡、闵子骞等,都终生追随在他的身旁,和他建立了或情同父子,或亦师亦友的关系。孔子关心他们的志向,关心他们的道德学问,也关心他们的职业选择。可以说,师生之间形成了以"弘道""传道"为目标,以"办政治"和"办教育"为手段的文化团体。这种极具凝聚力和生命力的文化团体,为儒家文化的创设、弘扬与传承,做出了难以磨灭的贡献。

师生关系是"教师和学生在教育、教学过程结成的相互关系,包括彼此所属的地位、作用和相互对待的态度等"①。和谐的师生关系不仅有益于学生知识技能的学习和创造力的发展，而且有益于教师道德学问的提高，以及良好的教学氛围的营造。正如有的学者所说："在真正的师生关系中，师生共同面对知识、共享人类文化、共感人格魅力、共悟精神价值。也就是说，学生在知识、能力、智慧、品质诸方面的成长与发展，的确离不开教师的'教'，但学生同样也能够以自己的'学'及其独特的表现作用于教师，进而促进教师的成长与发展。"② 但师生关系并不是一成不变的，它根植于社会历史中，并随着时代的变迁而变化。李长伟认为，师生关系经历了由古典到现代转变的过程。在古典目的论的语境中，教师与学生因对至善与真理的共同爱欲而主动地在教育场域中相遇，形成了亲密而友爱、平等且相互尊重的师生关系。而在近现代机械论的语境中，由于作为目的的至善被自然科学视为虚假的形而上学而被摧毁，教师与学生失去了对至善的共同爱欲与执着，转而关心个体的自然欲望及其满足，使"师生关系是疏离的而非友爱的，是契约式的而非伙伴式的，是平等的但缺乏教育性的"③。近年来，随着社会的发展，学校中出现了不同程度的师生关系的异化，甚至出现了"学生欺师"的现象。"学者们一致认为，师生关系的冲突不是单方面的问题，而是多种因素的共同变化和作用导致的，包括社会风气的堕落、网络环境的'污染'、政府法律法规不健全、家庭教育缺位、教师权威合法性消解、学校管理与评价的异化、学生是非辨别能力和自控力弱、教师缺乏沟通技巧，等等。"④

  针对以上状况，孔门师生关系的特点可以从以下几方面为认识和改善现代教育的师生关系问题提供有益的镜鉴。第一，促进中国古代道德教育的现代性转化。如上所述，从根本上讲，师生关系的异化是现代人抛弃了古代的目的论的师生关系造成的。如果要重温古典的目的论师生关系的亲密性、友爱性和敬畏性，就应该将时代需求与古典的道德教育相结合，立足当下，通过对中国传统文化的继承与发展，促进传统文化的现代性转

---

① 中国大百科全书出版社编辑部编：《中国大百科全书·教育》，中国大百科全书出版社1985年版，第320页。
② 李瑾瑜：《关于师生关系本质的认识》，《教育评论》1998年第4期。
③ 李长伟：《师生关系的古今之变》，《教育研究》2012年第8期。
④ 王爱菊：《中国师生关系研究的回顾与反思》，《社会科学战线》2020年第7期。

化。第二，适当增加师生共同参与的课外活动。除了对"道"或"仁"的共同追求，孔子与弟子之间亲密关系的建立，很大程度上来源于他们的形影不离，孔子说："吾无行不与二三子者"，正是在长期游历与教化的过程中，孔子与弟子的关系不断得到稳固，他们相知相伴，在道德学问上切磋琢磨，在为政办事时互帮互助，共同成就了先秦时期最具影响力的师生共同体。今日之教育虽不同于先秦时代，但师生共同参与活动的增多同样有利于亲密师生关系的建立。因此，在学校教育中，可以适当增加这类活动，使师生在共同参与活动的过程中，一起面对问题、解决问题，增加彼此的信任和了解，从而增进师生亲密关系的建立，从而为教学工作的顺利实施奠定基础。第三，通过外部环境的调整规范师生关系。由上可知，当下师生关系的冲突与不良的外部环境有很大关系，社会风气的堕落、网络环境的"污染"等发挥了十分负面的作用。有鉴于此，可以通过政府相关法律的出台、家校合作关系的建立、社会风气的正向引导等，努力为学生营造良好的外部成长环境，从而保证师生关系的正常建立，促进学生德性和能力的发展。

第 五 章

为道之叹及其教育意义

事实上，无论是"为学""为政"，还是"为教"，从根本上说，儒家立己立人的过程，都离不开"为道"。首先，"为学"的根本宗旨是"明道"。子夏曰："百工居肆以成其事，君子学以致其道。"（《论语·子张》）如同手工业者要在作坊内不断磨炼他们的技艺一样，君子必须通过"为学"才能通晓"道"的意蕴和变化。其次，"为政"的最高目标是"行道于天下"。《礼记·礼运》曰："大道之行也，天下为公。"君子通过办政治所要达到的终极目标，正是道行于天下，人民皆受其化。最后，"为教"最终是为了传道。《礼记·学记》曰："师严，然后道尊。"要使天下之人有道可依，出入以道，就得首先尊重明道在先且以传道为业的教师。由此可见，"为道"渗透在君子"为学""为政"和"为教"的所有过程中，是君子增长学识、修养德行、成就事业的最终衡量标准。

孔子一生经历了求学期、居家期、仕鲁期、游历期、著述期等不同时期，每一时期都有各自不同的主题与重点。就其本质而言，这些阶段或多或少都与"道"的修学、运用、传承和弘扬有关。本章的重点是从"为道"的角度出发，探析"孔子之叹"的教育意义。

第一节 志道学道之叹

孔子的孙子子思，在描述儒家之道的基本特征时，曾经说：

道也者，不可须臾离也，可离非道也。（《礼记·中庸》）

这是说，对于一个人而言，"道"是片刻也不能离开的，如果可以离开，那便不是"道"了。这体现了"道"的普遍存在性原则，同时也隐含着学"道"的必要性。那么，"道"为什么"不可须臾离也"？如何学习这个"道"呢？

一 学"道"的必要性

在《论语·雍也》中，孔子曾用感叹加比喻的方式，形容学"道"的必要性：

子曰："谁能出不由户，何莫由斯道也？"

"户"指出入寝室的单扇门。在这句话中，孔子将"道"比作"户"。他认为，就像人出入寝室一定要经过单扇门一样，一个人做人做事，又怎么能离得开"道"呢？由第一章可知，"道"的核心观念是"仁"。孔子所言之"道"，在绝大多数情况下，都可以指向以"爱人"为基本精神的"仁"。但在孔子眼中，"仁"的境界是很少有人能达到的。因此，在具体的实践中，"仁"或"道"是以其下位的道德条目展现在人们日常视野下的。

在家庭生活中，"道"的精神表现为"孝""悌"等道德规范。如子女对待父母要行"孝"道。"孝"既包括给父母提供良好的衣、食、住、行等物质条件，也包括在日常生活中对父母的身心状况给予足够的关心，对他们的过错进行委婉的劝谏等。兄长对待弟弟要行"友"道。这包括对弟弟的物质需求提供适当的帮助，也包括对弟弟的德行、学业、事业、人际关系等提供合理的建议。丈夫对妻子要行义道。这既包括对妻子所承担的家庭责任，也包括对妻子的心理状况、身体状态、核心关切等予以足够的重视，在遇到问题时能够齐心协力、共渡难关。当然，这些要求都不是单方面的。子女对父母行"孝"道，父母也应该对子女慈爱关心；兄长对弟弟爱护有加，弟弟则要恭敬辅助兄长；丈夫对妻子情深义重，妻子对丈夫也应该体贴照顾。只有"父慈子孝，兄友弟恭，夫义妇顺"，才能建立起和谐的家庭关系，使一家之内和乐融融，幸福安乐。

在社会生活中，孔子认为，对待群体中的领导或年高德劭者，君子应该事之以"忠"。在做好自己本职工作的同时,处理领导或长辈所交代的合乎道义的事务时,也应该做到尽职尽责、尽心尽力。与朋友交,则需待之以"信"。只要不违反道义,承诺过的事就应该尽量兑现,既不欺骗朋友,也不欺骗自心。相应地,领导对下属应该待之以"礼",通过礼仪来表达对下属人格的尊重和才能的看重,交代他们办事时,应根据下属自身的能力和条件,不要求全责备。下属办事过程中,如果出现了一些小的失误,领导也应该对他们多加宽恕和体谅。如果领导对下属的失误过于苛责,就会在团体中形成因为担心犯错而不敢作为、不敢创新的风气,这对团体的长远发展极为不利。朋友也应该待"我"以信。孔子说:"主忠信,无友不如己者"(《论语·学而》),就是说"我"做人、做事以"忠信"为主,"我"所结交的朋友也是以"忠信"为主。可见,不忠不信之人难以被忠信之人引为知己。由此,"君臣有义,朋友有信",一个人便可以建立起良好的社会关系,他在提高能力、成就事业时,就更容易得到长上的提携和朋友的帮助。

此外,孔子还指出,若能以"恭、宽、信、敏、惠"行于天下,就可以称得上"仁"。[①] 具体内容包括:"恭则不侮",恭敬地对待他人,就不会招致他人的侮慢。"宽则得众",宽厚地对待下属和晚辈,就能够受到他们的拥护和爱戴。"信则人任焉",对人说话、办事讲究诚信,就能够取得别人的信任。"敏则有功",处理职责之内的事务时,保证效率和质量,便容易取得成功。"惠则足以使人",对待下属和晚辈施以恩惠,便容易领导他人。

即便在远离人群之时,孔子也认为,君子应该以"仁道"来约束自己。通过自我约束,使自身的行为合乎礼仪,所谓"非礼勿视,非礼勿听,非礼勿言,非礼勿动"(《论语·颜渊》)。约束自身的视、听、言、动,使其不会受到私欲的奴役,视、听、言、动皆依于礼,在礼的约束中得见仁心的自由广大。《礼记·中庸》曰:"莫见乎隐,莫显乎微。"一个人是否明白"仁道",是否践行"仁道",是否成就"仁道",很重要的一方面就在于,在他人所不知道的幽暗之处,在他人所不关注的细微之事上,他是否依然坚守"仁道",把它当作做人做事的根本。所以,君子应

---

① 杨伯峻:《论语译注》,中华书局1958年版,第181页。

该"慎独",应该"一日三省",应该"戒慎恐惧"。

由此可知,孔子所提倡的"道",广泛地存在于人们的日用常行之中。它是人与人之间相互交往的道德规范,也是君子独知独处之时,提高道德修养的根本旨归。孔子说:"君子学道则爱人,小人学道则易使也。"(《论语·阳货》)君子学习"仁道",就能懂得"爱人"的精神内涵,进而可以"修己以敬","修己以安人","修己以安百姓",实现礼乐的教化。民众学习了"仁道",就会对礼乐规范产生一定程度的认知,这样就能与君子志同道合,对君子所发布的利国利民的政令有更好地理解,并能够发自内心地配合与拥护。这样,君子与民众之间以道相合,上下相安,国内就不会产生动乱,民风就会淳朴厚道。民众在生活中能够认可并践行以"仁"为核心的礼仪规范,就能够和谐家庭,安居乐业。君子在为政过程中逐步推行以"仁"为核心的政策法令,就能够使民众日益富裕,国家日益富强。

二 "谋道不谋食"的为道原则

既然"道"是君子一生中必须学习的课程,那么在学"道"的过程中,应该注意哪些原则呢?或者说,应该将"道"置于怎样的位置呢?

以下两句孔子叹辞中,或许包含着答案:

> 子曰:"君子谋道不谋食。耕也,馁在其中矣!学也,禄在其中矣!君子忧道不忧贫。"(《论语·卫灵公》)
>
> 子曰:"士志于道,而耻恶衣恶食者,未足与议也!"(《论语·里仁》)

在这里,孔子通过比较的方式,确定了"道"在生活中的应然性位置。他认为,与谋求穿衣吃饭相比,君子更应该重视"仁道"的修学。因为君子需要以修行"仁道",利益天下为己任。如果为了谋求衣食饱暖而去耕种,那么他念念不忘的,是如何通过耕种解决自身的饿馁。如果为了丰厚的官禄而去求学,那么他心心念念的,就是如何通过求学做官来领取俸禄。君子只有一心求"道",那么他学起"道"来才会事半功倍,最终对"道"的内涵、形相、功用、转化、施行等明了于心。因此,君子

"谋道不谋食""忧道不忧贫",应该以明道、行道作为"为学"的志向,心里常常忧虑的是道之不明与道之不行。如果有一个志于学道、行道的读书人,常常因为自己不够富裕而忧心忡忡。他把自己的衣服不如别人华美、自己的食物不如别人丰盛,当作一件十分可耻的事情。孔子说,这样的人不足以与他论道,因为他的心念并不在"仁道"的修学上。

不只是衣食,孔子甚至把"仁道"的修学,看得比死生都重。他曾感叹说:

朝闻道,夕死可矣!(《论语·里仁》)

"仁道"是立人立己的根本,是儒家伦理思想的总德。哪怕只修学其中的若干道德条目,也能够对内有益于家庭的和谐,对外恰当地处理人际关系,甚至是达成齐家、治国、平天下的目标。孔子认为,一个人如果能以五伦为基础,亲近那些具有仁德的人,听闻"仁道"的不同境界,学习"仁道"的不同路径,践行"仁道"的各种方法等,那么这个人即便是早上听闻了大道,晚上就离世,也算是不虚此生了。相反,如果一个人从未听闻过"仁道",不能了解"己欲立而立人,己欲达而达人"的人所当行之道,那么就算他的一生健康、富裕又长寿,也不过是枉自为人,并不懂得做人的价值与意义。因此,从这个角度来说,学"道"比死生更重要。

三 "一以贯之"的为道路径

对于"仁道"的修学,除了前面所介绍的方法外,还有一种可以贯穿知识积累与道德修养的特殊路径。这一路径体现在孔子与子贡、曾子的两次对话中,大有托付道统之意。

子曰:"赐也,女以予为多学而识之者与?"对曰:"然,非与?"曰:"非也,予一以贯之。"(《论语·卫灵公》)

子曰:"参乎,吾道一以贯之!"曾子曰:"唯。"子出。门人问曰:"何谓也?"曾子曰:"夫子之道,忠恕而已矣。"(《论语·里仁》)

根据史料记载，无论在鲁国境内，还是异地他邦，都会出现各国诸侯、卿大夫乃至一般的民众向孔子问政、问礼、问事、问物的情况，孔子也大都给予了他们满意的回复。可见，孔子本身就是一个极为博学的人。在日常教学过程中，孔子也会以"博学多识"来勉励弟子。如他曾说："君子博学于文，约之以礼，亦可以弗畔矣夫"（《论语·雍也》），又说："多闻择其善者而从之，多见而识之，知之次也"（《论语·述而》）。在孔子看来，对古人遗留下的嘉言懿行、良法美制等细心参究、默识于心，对自己所遇到的是非善恶、贤愚不肖等用心观察，这是成就道德学问的基础。

但孔子认为，这种通过"多闻多见"所获得的"知"，并不是第一等的"知"。若没有"一以贯之"的为学路径，通过见闻觉知而获得的"知"，只是零散的、人云亦云的知识点而已。所以，在"为学"过程中，孔子既重视通过"多闻多见"来获得足够的知识积累，也重视通过"一以贯之"的为学路径，将所学的知识进行归纳和总结，从而使散碎的知识集聚为系统化、理论化的哲思。如孔子言《诗》："《诗》三百，一言以蔽之，曰：'思无邪。'"（《论语·为政》）以"思无邪"三字概括了《诗经》的主旨。孔子言《礼》："礼，与其奢也，宁俭；丧，与其易也，宁戚。"（《论语·八佾》）用"俭""戚"两字概括了祭礼与丧礼的本质。可见，孔子"为学"的过程，是将所学的知识以一种极具概括性的言辞贯穿起来，从而通达所学的连贯进程。孔子以"一以贯之"教子贡，正是教导他，在为学过程中，要有意识地将通过见闻觉知所获得的零碎知识系统化、理论化，从而构建自己的知识体系，"下学而上达"，成为通达学问事理的君子。

"为道"建立在"为学"基础上，但更偏重于形而上的建构。孔子所推崇的"道"内涵丰富，意义深远，可以从多个角度"一以贯之"。从"仁"的角度来说，儒家之"道"，对内表现为"为仁由己""克己复礼"的道德哲学，对外则是"己欲立而立人，己欲达而达人"的为政之道。从"孝"的角度来说，一家兴"孝"，可以"宜兄宜弟""宜其家人"，使家庭氛围和谐愉悦；一国兴"孝"，可以使"德教加于百姓，刑于四海"（《孝经·天子》），达到移风易俗，民德归厚的目的。从"中和"的角度来说，儒家建议采用"执两用中"的方法，对内修养德行，对外用中于民，最后达到"天地位焉，万物育焉"（《礼记·中庸》）的理想状况。在与曾子的对话中，孔子感叹说："吾道一以贯之。"曾子认为，可以从"忠恕"的角度将夫子之道"一以贯之"。钱穆先生指出，"忠恕之道"即指"仁道"，所谓"尽己之心以待人谓之忠，推己之心以待人谓之恕"，"忠恕"与"仁道"同样是"一本于我心，而可贯通于万人之心，乃至万世以下人之心者"[①]。只是相较于"仁道"的至高之德，用"忠恕"来表达更容易为人所知所行，所以曾子释之为"忠恕"。

这种"一以贯之"的"为道"路径，是孔子将他人所言说的"道"，内化为自身德性与行为标准的一种最有效的方法。通过归纳与总结，弟子才能透过纷杂的记问之学，把握儒家之道的主旨。通过概括与阐释，弟子才能将自己所闻所见的嘉言懿行用自己的话表达出来，达到真正地理解吸收，使其成为儒家之道的重要支撑。

第二节　乐道守道之叹

孔子所创设的"仁学"分为"内圣"和"外王"两个向度。有学者认为，"内圣"是将追求理想人格看作崇高目标，"外王"是将追求理想社会看作崇高目标。[②]由于受制于"时命"，追求理想社会的"外王"并不总能走得通。而对理想人格的追求，也就是对"内圣"的修学，却完全取决于自身。因此，对于为学者而言，"内圣"相较于"外王"具有更加优先的意义。孔子说："不仁者不可以久处约，不可以长处乐。"（《论语·里仁》）有心修学"仁道"的君子，不以追求个人私利为目标。当明君在位时，他就会出仕办政治，通过施行"仁道"来利益天下，此之谓行道之乐；当"礼崩乐坏""时无君子"时，他就会隐居以求其志，通过修学"仁道"来追求理想之人格，此之谓守道之乐。孔子一生经历坎坷，遍历诸国而未受重用，最终也未能得君行道，但他在寻求出仕与为教的过程中，始终没有放弃对理想人格的追求，故多有乐道守道之叹。

---

① 钱穆：《论语新解》，九州出版社2011年版，第90页。
② 冯达文、郭齐勇主编：《新编中国哲学史》，人民出版社2004年版，第42页。

一 "箪食瓢饮"的乐道之叹

孔子的乐道之叹，主要体现在以下两例：

> 子曰："贤哉，回也！一箪食，一瓢饮，在陋巷。人不堪其忧，回也不改其乐。贤哉，回也！"（《论语·雍也》）
>
> 子曰："饭疏食饮水，曲肱而枕之，乐亦在其中矣！不义而富且贵，于我如浮云。"（《论语·述而》）

首章赞叹颜回。"箪"指竹器，"瓢"是用瓠做成的舀水的用具。由此可以看出，颜回平日的生活可谓贫穷而简单。他的餐具不完备，就用竹器代替碗具盛放食物；他的饮器不完备，就拿瓢舀水喝；他的居处不完备，就住在简陋的小屋里。在这样贫困简易的生活状况下，他人都会感到不堪其忧，但颜回却能不改其乐。所以，孔子赞叹他："贤哉，回也！"

次章是孔子自述。该章与上章颇有相似之处。如"饭疏食饮水"是指吃着粗劣的食物，喝着未经煮沸的凉水，这与"箪食瓢饮"的状况相似，同样是饮食条件不佳。"曲肱而枕之"指穷的没有枕头，就弯起手臂当作枕头，这与"在陋巷"相似，同样指居住条件的恶劣。"乐亦在其中矣"与"回也不改其乐"相似，说明师徒两人在贫困之时，都能够自得其乐，不为贫困所扰。

然而颜子所乐者何？先儒曾对此做过专门研究。孔安国、周敦颐、黄式三等认为，此为乐道之叹，"颜渊乐道，虽箪食瓢饮在陋巷，不改其乐也"[1]。周敦颐说："君子以道充实为贵，身安为富，故常泰无不足。"程颐则认为，颜子所乐的并不是道，因为"使颜子以道为可乐而乐之，则非颜子也"，意思是如果这里是颜回乐道，那就说明颜回与道还是对立存在的。颜回所乐的是作为外在对象存在的道，这种情况下颜回与道是二不是一，这显然不是颜回的境界，因此，颜回所乐者必然不是道。王夫之则从"天理"的角度出发，认为"乐者，意得之谓。于天理上意无不

---

[1] 程树德：《论语集释》，中华书局2013年版，第499页。

得"①，故能乐之也。

在笔者看来，程颐之说看似精妙，实则是受到了佛家思想的影响。《金刚经》云："如来在燃灯佛所，于法实无所得"，"我于阿耨多罗三藐三菩提乃至无有少法可得，是名阿耨多罗三藐三菩提"。无论是"我"还是佛法都是因缘法，没有独立存在的实性。佛法针对有如是烦恼的众生才能成立为法。"我"针对因缘和合的身体才能成立为"我"，因此，在究竟的形而上角度，不能说"我"得到了佛法。这一思想对应到儒家就是所谓"道"与"我"是一不是二。在形而上的角度不能说"我"明白了道。这一思想虽看似高明，却全然不似儒家平日所推崇的日用常行之道。王夫之所谓的"天理"，虽然与"道"的名称不同，但也是宋儒据儒道加以发挥，从而展现出"道"的另一面相。② 依《论语》原典来看，孔子有"君子谋道不谋食""忧道不忧贫"之语，皆是言君子的修学当以"道"为根本，未得时则谋之忧之，以求明道；既得后则乐之行之，以求行道传道。颜子虽然身处贫困之中，但是能够不改其乐者，大概是已然得道于身，所以怡然自得也。稽诸汉儒所述，此为颜子安贫乐道之叹庶无大谬。

孔子所乐者何？日本竹添光鸿认为："饭疏食饮水，曲肱而枕之，本非可乐之事，但仰不愧天，俯不耻人，学先王之道，以畜其德，虽饭疏饮水之篓，不能以移其心，乐孰大于此，故曰乐在其中矣。"③ 今人李泽厚引《吕氏春秋·慎人》篇："古之得道者，穷亦乐，达亦乐。所乐，非穷达也，道得于此，则穷达一也。"④ 可见，孔子所乐者，应该是明道、得道之后的一种不随外境变迁而怡然自得的内心体验。这一体验与颜子所得应是一般无二，所以孔子描述这种状态时所用的言辞，一如赞叹颜回时所用的言辞。李炳南曰："乐者，乐其道也。《中庸》云：'率性之谓道'，有道，无所不乐。朝闻道，夕死犹可，何况贫穷？不义而富且贵，即是不以其道而得富贵。无道而富贵，他人虽感欣幸，孔子视如浮云而已。"⑤

---

① 程树德：《论语集释》，中华书局2013年版，第499页。
② 程树德：《论语集释》，中华书局2013年版，第500页。
③ ［日］竹添光鸿：《论语会笺》，凤凰出版社2012年版，第433页。
④ 李泽厚：《论语今读》，生活·读书·新知三联书店2004年版，第202页。
⑤ 李炳南：《论语讲要》，长江文艺出版社2011年版，第125页。

由此可见，孔颜所乐者即乐道也。"道"源出于天，以其为人所共由曰道，求道而得于身曰德，心德之大全曰仁。孔子与颜回年少即志于道，学道甚笃，久而久之自然明道于心，从而成就了其理想的道德人格。这种理想人格既形成于内，又可外应于万物，乃是一种超越了富贵贫夭的本有之道。

二 "君子固穷"的守道之叹

如果说"箪食瓢饮"的"乐道之叹"对应的是君子贫困潦倒之时的"安贫乐道"，那么"君子固穷"的"守道之叹"对应的则是君子颠沛流离甚至穷途末路之时，依然所持有的为道原则与行道信念。

在《论语》中，这种"守道之叹"，主要出现在以下两句叹辞中：

> 在陈绝粮，从者病，莫能兴。子路愠见曰："君子亦有穷乎？"子曰："君子固穷，小人穷斯滥矣！"（《论语·卫灵公》）

这段对话发生在鲁哀公七年（公元前487年）。当时陈、蔡两国派兵围困了意欲前往楚国的孔子一行。孔门师徒被困于陈，绝粮七日，外无所通，连最粗劣的食物也吃不上，随从的弟子们也都饿得直不起腰来。子路面有愠色，来见孔子，他问道："君子也有穷困之时吗？"孔子回答说："君子固然有穷困之时，但君子之穷不同于小人：君子在穷困之时，依然有原则、有信念，有所为有所不为；小人身处穷困之时，就会为了摆脱穷困而不择手段，无所不用其极了。"

在孔子看来，君子与小人的一个重要区别就是对待穷困的态度。君子虽然有崇高的道德修养和较强的办事能力，但是因为受客观形势的影响，他们也会有遭遇穷困之时。面对穷困，君子的态度是"无终食之间违仁"，依然将"仁"作为自己的精神寄托与行为标准。"素贫贱行乎贫贱"（《礼记·中庸》），在贫贱之中，坚守做人的标准和底线，守道观其变，以待未来有为之机。小人穷困之时，则完全没有底线，他们会为了摆脱穷困想尽一切方法、运用一切手段，无所不用其极。所以，君子与小人的根本区别在于内心是否执守"仁"道，将其作为做人做事的最高标准。

子曰:"富与贵,是人之所欲也。不以其道得之,不处也。贫与贱,是人之所恶也。不以其道得之,不去也。君子去仁,恶乎成名。君子无终食之间违仁,造次必于是,颠沛必于是。"(《论语·里仁》)

在这里,孔子阐述了君子对待"富贵""贫贱"和"仁道"的不同态度。"富贵"是人人都想得到的,"贫贱"是人人都想厌离的,但对君子来说,却有更高的价值标准。如果"富贵"可得,但得到的方式不合乎道义,君子就不会谋取这种"富贵"。如果"贫贱"可去,但去掉"贫贱"的方式不合乎道义,君子就不会舍去这种"贫贱"。君子如果离开了"仁",就不足以称为"君子"。所以君子时时刻刻都不会违背"仁",仓促匆忙之时如此,颠沛流离之时也是如此。

在君子眼中,对"仁道"与理想人格的追求,要远远胜过对财富与地位的追求。孟子说:"富贵不能淫,贫贱不能移,威武不能屈"(《孟子·滕文公》下),就是指君子要志于"仁道"的修学、践行与推展。这一宏伟目标的实现不会因为外在条件的改变而改变。越是在颠沛流离之时,内在的坚持越能得到考验。越是在贫困潦倒之时,内心的坚守越发表现得淋漓尽致。这是一种超越了形而下的外在事物的精神信仰,所以李泽厚认为,这是一种准宗教的道德追求。[1] 正是在这样的道德追求中,学者才超越"时命",凸显出其人格魅力的伟大。

第三节 行道传道之叹

孔子生活在"礼崩乐坏"的春秋时期。他以恢复周礼、推行"仁道"为中心的政治主张,与当时各国所推崇的"重兵""尚利"的"霸道"政治具有很大的差异性。因此,即便他遍历诸国,也很难得到统治阶层的认可与重用。在与各国君臣及贤者的交流中,他也逐渐认识到"大道难行"应是当时各国普遍的政治样态。于是,他返回鲁国,删订《诗》《书》,专门从事教书授徒的活动,寄希望于后来者。从史料来看,孔子对"道之不行"的判断不是一蹴而就的。他经历了从"积极入仕"到

---

[1] 李泽厚:《论语今读》,生活·读书·新知三联书店2004年版,第112页。

"勉强行道",再到"大道难行"的心路历程。

一 "吾其为东周乎"的志在行道之叹

在出任鲁国中都宰之前,孔子表现出的是比较积极的入仕心态。青年时,他曾在孟僖子的推荐下,做过一些管理仓库或牛羊的小官,但职位低微,算不上与闻政治。其后,经过数十年如一日地学习,孔子对礼乐文化和典章制度熟稔于心,并对"修己以安百姓"的为政之道有了更深刻地了解。他希望有机会入仕,通过办政治行道于天下。

> 公山弗扰以费畔,召,子欲往。子路不说,曰:"末之也已,何必公山氏之之也。"子曰:"夫召我者,而岂徒哉?如有用我者,吾其为东周乎!"(《论语·阳货》)

公山弗扰即公山不狃,是季桓子私邑费的邑宰。他与阳虎勾结,意欲反叛季氏。为了扩大"反季同盟"的势力,他积极招揽当时已颇具影响力的孔子。孔子欲往,子路很不高兴。孔子解释说:"公山不狃召我前往,哪里只会是空召呢?如果真有用我之人,我或许能使东周兴盛起来。"

从"子欲往"的表述中,我们可以清晰地了解到孔子当时迫切想要入仕的想法。即使面对公山不狃这种反叛者的召令,他也有跃跃欲试的心态。《史记·孔子世家》曰:"孔子循道弥久,温温无所试,莫能己用,曰:'盖周文、武起丰、镐而王,今费虽小,倘庶几乎?'"按照司马迁的说法,孔子当时修道已久,却苦于没有机会实践,因此确有通过公山不狃之召进入仕途之意。金履祥认为,此时公山不狃明显站在季氏的对立面。他以家臣的身份背叛家主是为不忠,但打的却是"抑大夫而欲张公室"的名义。孔子欲往,以明其可也。[①] 但事实上,公山不狃背叛季氏的目的在于满足自己的私利,并不是真的可以共同推行大道的人,所以孔子最终未往,以知其不可也。

孔子进入仕途,并不单纯是为了权力或者俸禄。他说:"如有用我

---

① 程树德:《论语集释》,中华书局2017年版,第1533页。

者，吾其为东周乎！"关于"东周"，先儒议论纷纭。何晏、朱熹认为，"东"指东方，"周"指周道，孔子欲"兴周道于东方，故曰东周"①。郑玄等认为，"东周"即指"成周"，周平王迁都成周后，改名为洛邑，他能复修西周之政，志在周公典礼，所以孔子欲"为东周"。② 程颐、程颢等也主张"东周"是指"成周"，但与郑玄不同的是，他们认为东周衰乱，无君臣上下，孔子言"吾其为东周乎"的意思是"不为东周也"。皇侃则将"东周"的指称范围进一步缩小，认为"东周"就是指鲁国，"鲁在东，周在西，云东周者，欲于鲁而兴周道"。如此等等，不一而足。

事实上，无论"东周"具体指称何处，从该章旨义来看，孔子都是想要通过入仕来推行大道。往远处说，西周所以兴起，文、武、周公所以能伐纣灭殷，奠定周朝数百年基业，是因为他们能施行大道。往近处说，东周所以"礼崩乐坏"，战乱纷纷，也是因为周天子和各国诸侯不能行文武之道。往大处说，要转变天下的衰落局面，使东周重现西周的荣光，要紧处在于推行大道；往小处说，要把鲁国建设成足食、足兵、民风淳朴的东方强国，最关键的还是要在办政治和办教化过程中依循大道。可以看出，通过入仕来推行大道，是孔子"吾其为东周乎"的确然内涵。此时，孔子尚未遭遇过多挫折，言辞中充满了对未来的理想与抱负，心意上也偏向于积极入仕。

二 "知其不可而为之"的勉强行道之叹

根据《史记·孔子世家》的记载，孔子五十一岁时，受鲁定公之命担任中都宰。一年之后，由中都宰升任小司空，再由小司空升至大司寇。在此期间，他颇受鲁定公与季氏的信任，先后化行中都、相于夹谷、主持隳三都等，施行了一系列的政治改革。但受孟孙氏家臣公敛处父的阻挠，"隳三都、强公室"的计划毁于一旦。之后又发生了公伯寮愬子路于季孙，定公受齐人女乐而不早朝，燔肉不至等一系列事件，孔子意识到季氏和定公对他已起了怠慢之心，于是他离开鲁国，周游四方，寻找继续从政的机会。他到过卫国，又路经曹国、宋国，先后到达陈、蔡两国，之后由

---

① （宋）朱熹：《四书章句集注》，上海古籍出版社2006年版，第230页。
② （清）刘宝楠：《论语正义》，中华书局1990年版，第682页。

蔡入楚，又在楚国停留了数月。在此过程中，虽然孔子遇到的国君和执政者都不是贤明的君子，但此时他尚未失去得君行道的信心，仍然是寄希望于万一的"勉强行道者"。晨门的表述比较贴切地概括了这一时期孔子的状态。

> 子路宿于石门。晨门曰："奚自？"子路曰："自孔氏。"曰："是知其不可而为之者与！"（《论语·宪问》）

在晨门看来，孔子是"知其不可而为之者"。这就是说，孔子明知道天下无道，仍然要勉强周流四方，希望获得行道的机缘，以资救世。正如胡适所说，在那个邪说暴行的时代，孔子是一个"积极的救世派"，他的逻辑是：正因为天下无道，所以"我"才栖栖遑遑地奔走，想要将其变成有道之世，如若"天下有道，丘不与易也"①。这种勉力行道的魄力与担当，相比于那些隐居世外、不问世事的高人贤士更加令人敬服。因此，这一时期的孔子多有勉强行道之叹。

这种"勉强行道"之叹，首先表现在孔子所演奏的音乐中。

> 子击磬于卫。有荷蒉而过孔氏之门者，曰："有心哉，击磬乎！"既而曰："鄙哉，硁硁乎！莫已知也，斯已而已矣。'深则厉，浅则揭'。"子曰："果哉，末之难矣！"（《论语·宪问》）

"磬"是古代的一种打击乐器。孔子初到卫国，并未立即得到面见卫灵公的机会。于是，他闲时便以击磬自遣。一位担着草器的隐者从孔子门口经过，他从"硁硁"的击磬声中听出了孔子的心意。他说："这个击磬者是一个坚强固执、不随世俗变通的人。如同涉水时要根据水的深浅来决定是否提起衣服一样，行道也要根据外在环境的好坏来决定入仕或归隐。"孔子感叹说："如果真是这样，那就不难了！"言下之意是，他并不认可"深则厉，浅则揭"的行为方式。孔子认为，君子即使生活在天下无道的时代，也应该努力寻找适当的环境来勉强行道，继而通过行道改变

---

① 胡适：《中国哲学史大纲》，广西师范大学出版社2013年版，第52页。

时代状况，使天下渐归于有道。这种方式虽然难上加难，但在孔子看来，确是难行当行之道。尤其在"礼崩乐坏"的时代，社会上真正缺少的不是那些明哲保身的隐士，而是那些有心改变乱局，并且意志坚定、具有淑世精神的君子。只有社会上不乏把磬击得"硁硁"响的"知其不可而为之者"，社会的乱象才会逐渐得到改变。

其次，这种"勉强行道"之叹，还表现在与孔子相关的两则比喻中。

> 佛肸召，子欲往。子路曰："昔者由也闻诸夫子曰：'亲于其身为不善者，君子不入也。'佛肸以中牟畔，子之往也，如之何！"子曰："然。有是言也。不曰坚乎，磨而不磷；不曰白乎，涅而不缁。吾岂匏瓜也哉，焉能系而不食！"（《论语·阳货》）

在这则语录中，孔子感叹说："我难道是匏瓜吗？哪里能够挂在一旁而不被食用呢？""匏瓜"是一种植物，短颈大腹，味苦，不可食用，只能晾晒后系在腰间用于渡水。这则比喻凸显了孔子想要入仕的心情。即使面对佛肸的召令，他也有心前往。根据《四书考异》的考证，"佛肸"是晋国中牟的邑宰，范氏与中行氏的臣属。赵简子挟持晋君攻范、中行，伐中牟。佛肸据中牟抵抗，于晋君而言是叛，于范氏与中行氏而言是义。孔子欲往。子路认为，佛肸据中牟叛乱，这属于"亲身为不善"的行为，君子不应该到他那里去。孔子解释说："真正坚硬的东西，无论怎么磨，也不会变薄。真正洁白的东西，无论怎么染，也不会变黑。我又不是匏瓜，怎么能系而不食呢？"意思是，"我"不是不知道佛肸叛乱的实情，也不是不明白君子不该亲近小人的道理，所以欲往，一方面是因为"为仁由己"，即使身在浊乱之中，真正的君子也不会被浊乱所染污。换句话说，孔子即使到了佛肸处，也不会被佛肸不善的思想所影响，而与之同流合污。另一方面是因为君子学有所成后，应该通过办政治来利益天下。虽然佛肸提供的并不是最好的为政机会，但也可以借着这样一个机会勉强行道，做一个积极有为的行道者，而不是像匏瓜一样系而不食。

在另一则比喻中，孔子用感叹的方式表达了自己想要得君行道的期望。

子贡曰："有美玉于斯，韫椟而藏诸？求善贾而沽诸？"子曰："沽之哉！沽之哉！我待贾者也。"（《论语·子罕》）

子贡以比喻的方式问孔子："假设这里有一块美玉，是把它放在匣子里藏起来呢，还是找个识货的买主把它卖掉？"孔子感叹说："卖掉吧，卖掉吧，我就是那个等待识货的买主的人。"在这里，"美玉"的本体就是指"道"。子贡的意思是：假设一位君子怀有修身治国之道，是收敛光芒隐居起来，还是积极寻找识得大道的君主施展自己的抱负？孔子回答说："当然是寻找能够识得大道、重用自己的明君，我就是那个寻找明君来推行大道的人。"孔子曾形容蘧伯玉说："君子哉，蘧伯玉！邦有道则仕，邦无道则卷而怀之。"（《论语·卫灵公》）这里的"邦有道"指国家政治清明，"邦无道"指国家政治黑暗。"仕"与"卷而怀之"所对应的就是"修身治国"之道。孔子称赞蘧伯玉，说他能够根据外在的局势选择入仕或隐居。在国家政治清明时，蘧伯玉就入仕为官，通过办政治来推行大道。在国家政治黑暗时，他就把道隐藏起来，通过隐居来守道。孔子的为道路径显然比蘧伯玉更加积极，他认为，在国内政治清明的情况下，怀道的君子应该出来办政治，推行大道。即使国内政治黑暗，也可以通过周游列国来寻找为道的环境。普天之下，只要有一位君主能识得大道，重用于"我"，"我"就可以通过施行大道逐渐改变天下"礼崩乐坏"的局面。这就是"勉强行道者"的为道路径。

最后，这种"勉强行道"之叹，还出现在孔子与隐者的交流之中。

长沮、桀溺耦而耕。孔子过之，使子路问津焉。长沮曰："夫执舆者为谁？"子路曰："为孔丘。"曰："是鲁孔丘与？"曰："是也。"曰："是知津者矣。"问于桀溺。桀溺曰："子为谁？"曰："为仲由。"曰："是鲁孔子之徒与？"对曰："然。"曰："滔滔者，天下皆是也，而谁以易之？且而与其从辟人之士也，岂若从辟世之士哉？"耰而不辍。子路行，以告。夫子怃然曰："鸟兽不可与同群，吾非斯人之徒而谁与？天下有道，丘不与易也。"（《论语·微子》）

子路从而后，遇丈人，以杖荷蓧。子路问曰："子见夫子乎？"丈人曰："四体不勤，五谷不分，孰为夫子？"植其杖而芸。子路拱而立。止子路宿，杀鸡为黍而食之，见其二子焉。明日，子路行，以告。子曰："隐者也。"使子路反见之，至则行矣。子路曰："不仕无义。长幼之节，不可废也，君臣之义，如之何其废之。欲洁其身，而乱大伦。君子之仕也，行其义也。道之不行，已知之矣。"（《论语·微子》）

长沮、桀溺与荷蓧丈人都是楚、蔡之地的隐者。他们都认为，彼时天下无道，"滔滔者，天下皆是也"，贤者应该根据时势而避世隐居，不应该汲汲于入仕。孔子回答说："天下无道，我已经知道了。所以选择周游四方、寻找为政的机会，是因为入仕传道是学道之人的职责所在。如果只是为了独善其身而选择隐居，每日与鸟兽为伍，那么这人与鸟兽又有什么区别呢？"学道之人应该与世人一起生活。即使天下无道，他也应该心系苍生，不断寻求入仕的机会，然后通过行道来改变无道的局面。此为儒者与隐士的根本区别。

三 "归与归与"的大道难行之叹

根据史料记载，孔子到达楚国后，由于受到令尹子西的沮封，终究未能在楚国一展抱负。在此期间，他又遭遇了长沮、桀溺、楚狂接舆等隐士的讥讽，并未在楚国久滞，而是选择经由陈、蔡两国，重返多君子的卫国。在归途中，孔子一路存想。遍历诸国后，他逐渐意识到"强兵霸权"的霸道政治已成为各国诸侯普遍信奉的思想。在这样一个时代，想要寻得一个愿意施行王道、救济苍生的君主，恐怕是难上加难。因此，孔子在感叹大道难行的同时，也开始谋划"为道"的其他路径。

其中一条路径是到尚未去过的地方，继续寻求行道的机缘。

子曰："道不行，乘桴浮于海，从我者其由与！"子路闻之喜。子曰："由也好勇过我，无所取材。"（《论语·公冶长》）

"桴"是用竹子或木材编制而成的小船，大者曰筏，小者曰桴。孔子感叹说："大道不能行于中国，乘着小木筰漂浮到海外去，能够与我同行的大概只有子路吧。"先儒多认为，"浮海"即是指东夷或九夷。《论语正义》曰:"夫子本欲行道于鲁,鲁不能竟其用,乃去而之他国。最后乃如楚,则以楚虽蛮夷,而与中国通已久。其时,昭王又贤,叶公好士,故遂如楚,以冀其用,则是望道之行也。至楚又不见用,始不得已而欲浮海居九夷。""其欲浮海居九夷,仍为行道。"① 孔子具有"知其不可而为之"的雄健精神,想要在有生之年将立己立人的王道推展开来。因此,在目睹各国无贤君在位后,乃兴起行道于海外的念头。又《论语·子罕》曰:"子欲居九夷",也是孔子"伤天下之无贤君",欲到九夷之地行道。事实上,行道于海外也绝非易事。一者,九夷之地与中国隔着茫茫大海。乘桴而往,没有明确的方向,却有未知的风险。二者,即使到达了九夷之地,也会涉及语言、文字、风俗、习惯不同的问题,要在那里完成生存与交流恐怕都不容易。三者,即便克服了生存与交流问题,能否得君行道,仍是一个未知数。孔子曾经说:"必也临事而惧,好谋而成者也"(《论语·述而》),既然行道于海外,风险如此之多,成功概率又如是之小,若欲前往,就必须提前做好考量与规划。因此,孔子说:"道不行,乘桴浮于海",更多的是要表达一种行道的决心。子路乃忠信明决之人,但知当行则行,不计艰难险阻,故"好勇过我"。行道于海外的条件彼时并不具足,甚至连所乘之"桴"的木料也不具备,故曰:"无所取材。"

另一条路径则是返回鲁国专心从事教育事业。

> 子在陈曰:"归与!归与!吾党之小子狂简,斐然成章,不知所以裁之。"(《论语·公冶长》)

孔子周流四方,本意是要行道于天下。但自卫至楚,一路行来,所遇皆非贤君明主。由是乃知天下滔滔者皆是,大道终究难行。据《史记·孔子世家》记载,此时恰逢鲁国使者来召冉求,孔子说:"鲁人召冉求,将大用之",是日有"归与"之叹。也就是说,正在孔子因为大道难行而彷徨无助、不知所归之时,鲁国使者突然造访,他的出现让孔子萌生了回鲁专门从事教育事业的想法。一来回鲁教书可以成就后学弟子。孔子说:"吾党之小子狂简,斐然成章"(《论语·公冶长》),意思是,留在鲁国

---

① 程树德:《论语集释》,中华书局2013年版,第387—388页。

的门人弟子狂简进取，有志于学道，并且文理成就已经相当可观。如果此时能教之以道，必能有效避免过与不及之失，使他们在未来都能成长为文质彬彬、通达大道的君子。二来从事教育可以保留传道的种子。既然在这个时代，"大道难行"已然成为定局，那就不如传道于后世，以待未来有为之君。所以，"归与，归与"之叹，既包括了孔子对大道难行的感慨，也包括了他对后世弟子的期许。回鲁从事教育，虽然不是行道，却是为未来行道保留火种。子游、子夏、子张、曾参、有若等弟子，都是在孔子晚年归鲁后前来亲近。在孔子的谆谆教诲下，他们的道德学问与日俱增，成长为继承儒家道统、传道救世的杰出人才。

四 "甚矣，吾衰也"的己身将殒之叹

孔子晚年归鲁后，虽然把主要精力用在了删订《诗》《书》和从事教育事业，但对于济世救民的王道政治仍然抱有希望。这一点可以从他与鲁哀公、季康子、冉有、樊迟等人的多次对话中看出。大道难行既然已成为天下大势，孔子想要得君行道，就只能等待"时命"的到来。但岁月不居，人生短暂，"时命"尚未到来，而己身却已垂垂老矣。因此，孔子晚年多有"大道不行而己身将殒"之叹。

子曰："甚矣，吾衰也！久矣，吾不复梦见周公！"（《论语·述而》）

周公相武王、成王，伐纣灭商、制礼作乐，使道德教化流于四方。孔子年少即志于道，其修身、为政皆以周公为榜样。所以然者，一是由于周公居于相位而制礼作乐、化成天下，孔子欲为东周，也应像周公一样，辅翼君主，推行王道。二是孔子日常所学习的主要内容、入仕后所推行的教化方式，正是以周公所制定的礼乐为根本。孔子虽然将礼乐的本质提炼为"仁学"，但这种提炼依然是建立在"礼仪三百，威仪三千"的周礼之上。由此，朱熹说："孔子盛时志欲行周公之道，故梦寐之间如或见之。"[1] 可以想见，孔子少时以周公所作之礼乐为学业，长成则以恢复周礼为事业，

---

[1] （宋）朱熹：《四书章句集注》，上海古籍出版社2006年版，第119页。

隐居则以明乎周公之道为志业，游历则以推展周公之道为大业。时时处处、心心念念常与周礼为伴，自然梦中常会遇见周公。及至其周流四方，老而归鲁，大道不行而年事已高，不复再有"为东周"之志。他平日里虽以教导弟子明道为事，但离行道于天下，毕竟愈行愈远，故自叹其衰之甚也。所叹者，仍是大道不行而己身将殒。

在西狩获麟后不久，孔子又发出了"凤鸟不至"的慨叹。

子曰："凤鸟不至，河不出图，吾已矣夫！"（《论语·子罕》）

在古代，凤鸟与河图都是圣王在位的祥瑞。据史料记载，凤鸟于舜时来仪，文王时鸣于岐山，黄帝、周成王时亦至。河图于伏羲时出，黄帝时出，尧、舜、禹时迭出，成王、周公时亦出。可见，两种瑞相的出现虽然具有一定的偶然性，但均为圣王在位的祥瑞当是无疑。先儒关于此叹的阐释主要分为两类：一类是以董仲舒为首的"伤己"说。他们认为，如果为君者通过"修己以敬""修己以安人"和"修己以安百姓"的为政方式来治理国家，天地间就会阴阳调和、草木繁盛、五谷丰登，各种祥瑞也会纷至沓来。孔子此叹是悲叹自己本来有能力通过推行王道，使凤鸟来仪、河洛出图，但可惜未遇明君，不能出现这种瑞相。另一类是以孔安国为首的"伤圣"说。他们认为，凤鸟、河图是圣王受命时出现的瑞相。孔子一生游历列国，想要得君行道，但直至垂垂老矣，亦未见到明君在位。"吾已矣夫"是伤不能得见圣人而行其道也。

综上所述，无论"凤鸟河图"是"伤己"还是"伤圣"之叹，其根本处都在于"伤道"。"伤己"者，是感叹自己所主张的王道不能得到施行；"伤圣"则是感叹自己没有遇到明君，不能受到君主重用而推行大道。两种说法都可与儒家所提倡的淑世精神相配合，即如果"时命"允许，就出仕办政治，通过"为政以德"的王道政治来利益天下，使天下之人皆能行己有耻，安居乐业。

第四节　为道之叹的教育意义

如前所述，孔子所言之"道"，多数情况下都是指向以"爱人"为基本精神的"仁道",这是儒家文化最显著的特征,也是儒家思想的核心内涵。以此为基础,孔子向内构建了"为仁由己"的道德哲学,向外则构建了"为政以德"的治国之道。可以说,"仁道"是"内圣外王"之道的理论核心。在儒家视域下,一个"道"字也可以将君子的一切活动"一以贯之"。它是"为学"的目标,是"为教"的目的,也是"为政"的宗旨。在很大程度上,"吾道一以贯之"就是以"仁道"一以贯之。"为道之叹"对于教育形上体系的建构、学生理想人格的形成以及仁者之道的确认具有重要意义。

一 教育形上体系的建构

在志道学道方面,孔子认为,"道"是"须臾不可离"的,它广泛地存在于人们的日用常行之中,是自然运行的法则、人际交往的道德规范,也是君子独知独处之时提高道德修养的根本旨归。所以,无论一个人做事还是做人,都应该依道而行,进退以道,就好像出入寝室时一定要经过寝室的门一样。在学"道"过程中,君子应该把"道"看得比死生还重要,"谋道不谋食","忧道不忧贫",心心念念都以明道、行道为志向,无时无刻不为"道之不明"与"道之不行"而忧虑。在"道"的修学路径上,为学者应该以"博学多闻"为基础,"下学而上达",通过"一以贯之"的为道路径,归纳并总结儒家之道的宗旨,将古圣先贤的嘉言懿行内化为自身的道德智慧与道德实践。可以看出,孔子构建了以"道"为本体的教育形上体系。

教育的形而上学是教育哲学的基本原理,也是教育哲学的最初形态和永恒主题。一般认为,教育形而上学的发展经历了以"世界之在"为始基的本体论形而上学向以"人之在"为主体的意识形而上学的转化的过程。本体论形而上学专注于教育的本质探索,它是根据外在世界的客观规定探索"教育究竟是什么"的本体问题。[①] 如,中国的宋明理学认为"理"是宇宙的本体,理在先,气在后,理同而气异,所以才有万物与人的各种不同形态,而教育正是通过"居敬穷理"的修养功夫,不断"存

---

① 吕寿伟:《形而上学教育哲学的"存在"困境与精神出路》,《南京师大学报》(社会科学版)2021年第2期。

天理,去人欲"的过程。① 古希腊哲学家柏拉图认为,理念是事物的本质,是事物存在的根据,也是事物追求的目的。在可见世界背后有一个由"善"所统治的完美的理念世界。教育的过程就是"灵魂转向"的过程,也就是透过可见的事物洞察其本质的过程。②意识形而上学则是以"人"为教育立法的基本依据,认为主体的先验性存在是知识可靠性的唯一来源。"教育过程就是主体基于对教育内容和方法的意识构造和主体关于包括学生在内的对象的观念而进行的支配性过程,主体不仅是教育真理的揭示者和奠基者,同时是教育过程的决策者和支配力量。"③ 如,笛卡尔认为,"我思故我在",人类的认识过程就是"我"认识物质世界的过程。教育的形而上学力图通过对宇宙本体和终极实在的探索,为教育构建出应然性的整体图景。但本体论的教育哲学忽略了存在,主体性的教育哲学则将人预设为与世隔绝的人,它们由此受到了现代哲学家的批判与抵制。尤其是进入20世纪后,随着实用主义、分析哲学、后现代主义等后形而上学思潮的兴起,它们从不同侧面反对形而上学的本体论、理性主义、中心主义等,否定必然的和永恒的价值存在,从而使得教育不再具有对"存在"的终极思考,转变成一种"无深度的、无中心的、无根据的、自我反思的、游戏的、模拟的、折衷主义的、多元助益的"④ 教育形态。

借鉴孔子以"道"为本体的教育形上体系,并结合当代永恒主义与要素主义的反思,我们认为:第一,中国教育应该以中国传统文化为基础,超越西方主客对立的形而上的哲学思想,构建既具有传统特征又符合时代发展的新的教育形上体系。第二,学校教材应适当增加儒、释、道等经典内容。儒、释、道典籍中含有人类文化的共同要素,学校教育应该注重这些文化要素的传承与发展,使教育在不同的时代都有终极的存在和价值可供探寻,从而保证教育努力的方向始终保持正确且符合时代发展需要。

---

① 黄济:《教育哲学通论》,山西教育出版社2008年版,第9—10页。
② 张志伟:《西方哲学十五讲》,北京大学出版社2004年版,第81页。
③ 吕寿伟:《形而上学教育哲学的"存在"困境与精神出路》,《南京师大学报》(社会科学版)2021年第2期。
④ [英]特里·伊格尔顿:《后现代主义的幻象》,华明译,商务印书馆2000年版,第1页。

二 学生对理想人格的坚守与追求

在乐道方面,孔子认为,一个"志道""学道"的君子,心心念念都在明道、行道上。即使在贫困潦倒之时,他也能够"安贫乐道"。所以孔子称赞颜回,说他甘愿住在简陋的小屋里,过着贫困而简单的生活,别人都不堪其忧,颜回却不改其乐。他又自况说,饿了就吃些粗劣的食物,渴了就喝些未煮的生水,累了就弯起手臂当作枕头,这样的生活看似贫困潦倒,但只要心中有道,依然可以自得其乐。在守道方面,孔子认为,君子明道之后,当以行道、传道为业,即使在颠沛流离甚至穷途末路之时,也应该坚持为道的原则与行道的信念。所以他感叹说:"君子固穷,小人穷斯滥矣"(《论语·卫灵公》),意思是:君子在穷困之时,依然进退以道,有所为有所不为;小人在穷困之时,则无所不为,无所不用其极了。又感叹说:"君子无终食之间违仁,造次必于是,颠沛必于是",意思是:君子在任何时候都不会违背"仁道"。仓促匆忙时,依于仁道,颠沛流离时,也依于"仁道"。由此可见,无论在任何情况下,君子都不会放弃对于合乎"仁道"的理想人格的追求。

在漫长的历史长河中,不同时代、不同流派的学者塑造了既迥然有异又殊途同归的理想人格,并且将其作为自己终生不懈的追求。孟子以"居天下之广居,立天下之正位,行天下之大道"(《孟子·滕文公》下)的"大丈夫"为理想人格。在追求这种理想人格的过程中,富贵不能动摇他的心志,贫贱不能改变他的操守,威逼不能慑服他的品节。[1] 庄子以"独与天地精神往来"的"真人"为理想人格,认为"其神经乎大山而无介,入乎渊泉而不濡,处卑细而不惫"(《庄子·田方子》)。墨子以"兼爱天下百姓,率以尊天事鬼"的"圣人"为理想人格,认为成就这种理想人格,"恶疾病,不恶危难","不为其室臧之故,在于臧"(《墨子·大取》)。苏轼将"刚毅正直而守之以宽,忠恕仁厚而发之以义"[2] 的"君子"作为理想人格,他的"九死投荒而北归、遍尝宦海沉浮、冷暖自知且充满悲剧性的一生",正是他追求这一理想人格的

---

[1] 曾振宇:《孟子新注》,人民出版社2012年版,第87页。
[2] (宋)苏轼:《苏轼文集·上韩太尉书》,中华书局1982年版,第1381—1382页。

真实写照。① 朱熹把"内圣外王"的圣人作为自己的理想人格,认为这种理想人格需要通过"存天理,灭人欲"的方式来完成和达到。王阳明以尧、舜之类的圣人为理想人格,认为通过立志、恒心、省察、克治、谦逊的"致良知"之功可以达到。戴震以"仁智中和,自然无失"的圣人为理想人格,认为达成这种理想人格的过程应该"遂己之欲,亦思遂人之欲"②,"以无私通天下之情,遂天下之欲"。梁启超将"宗教造就的英雄"作为理想之人格,认为坚守这种理想人格的人可以"犯大不韪而无所避,历千万难而不渝","蹈白刃而不悔,前者仆而后者继"。③ 可以看出,古之学者所以能成就自己的理想人格,关键在于他们将理想人格置于优先发展的地位,无论从政与否、富贵贫夭,君子都应该具备对理想人格的追求与坚守。曾国藩说:"功名富贵,悉由命定,丝毫不能做主",一个人的功名富贵是由天命所定,难以完全掌握在自己手中。但对理想人格的追求,却可以通过自强不息、坚持不懈的执着和努力渐次达到。而这正是一个人成就自身价值的根本。

追求和坚守什么样的理想人格,一直是中国学人孜孜以求的重大理论与现实问题。千百年来,不同历史时期的学者与哲人在继承和批判前人理论的基础上提出了诸多符合时代发展的理想人格,体现了不同时代学者对理想人格的继承、批判、反思与创新。目前,学生理想人格缺失的现象较为多见,具体表现为责任感的缺失、艰苦奋斗精神的淡化、诚信意识的淡薄、厌学情绪的增多、抗挫折能力变差等。④ 借鉴孔子及往圣先贤对理想人格的追求与坚守,笔者认为:第一,学生应努力构建正确的理想人格。正确的理想人格,不仅应该植根于本土的历史文化,充分吸收中国传统人格中的内涵与营养;更应该立足于自身,充分顾及自身发展的条件和需求;还应该服务于社会,充分考虑到时代进步与社会发展的需要。如此理

---

① 杨吉华:《缺席的君子:苏轼理想人格追求的双重困境与自我突围》,《河南社会科学》2019年第9期。

② (清)戴震:《戴震全书》(第六册),黄山书社2010年版,第27页。

③ 梁启超:《梁启超全集·论宗教家与哲学家之长短得失》(第二册),北京出版社1999年版,第762页。

④ 王桂珍:《中学古诗文教学与中学生理想人格的塑造》,云南师范大学硕士学位论文,2017年,第14—16页。

想人格，才能真正在学习与工作中践行，并为自身和社会发展提供助益。第二，学生应对自己的理想人格怀有持之以恒的追求与坚守。孔子与颜回在贫困潦倒之时，颠沛流离之际，都能够乐道守道。孔子说："笃信好学，守死善道，危邦不入，乱邦不居"，即反映了这种类似于宗教性操守的对理想人格的追求。也正是在对理想人格的执着与坚守中，孔子与颜回才达到了"从心所欲不逾矩"和"不迁怒，不贰过"的精神境界。因此，当代学生要成就自己的理想人格，也应该将其作为学习和生活中的最高追求，不畏艰险，自强不息，努力成为具备理想人格的人。

三 因"时"而变的仁者之道

在传道行道方面，孔子经历了从"积极入仕"到"勉强行道"，再到"大道难行"的心路历程。在出任鲁国中都宰之前，他满怀行道的志向，欲兴周道于东方，他说："如有用我者，吾其为东周乎"。然而"堕三都"失败后，他受到季孙大夫的猜疑和鲁定公的冷落，迫不得已离开鲁国，周游四方，希望寻得入仕的机缘。这一时期的孔子虽然知道"时无明君"是天下之大势，但仍寄希望于万一，是"知其不可而为之"的勉强行道者。经卫、宋、陈、蔡等国抵达楚国后，由于令尹子西大夫沮封，孔子终究未能在楚国一展抱负，他遍历诸国而未遇到行道的机缘，于是有归鲁传道之意，他感叹说："归与！归与！吾党之小子狂简，斐然成章，不知所以裁之。"晚年归鲁后，孔子把主要精力都用在教材的编订与人才的培养上，但他并没有忘记推行王道的抱负，只是不得不等待"时命"的到来。然而"时命"未至，己身却已垂垂老矣，因此，晚年的孔子常有大道不行而己身将殒之叹，如"甚矣，吾衰也！久矣，吾不复梦见周公！""凤鸟不至，河不出图，吾已矣夫"等皆是。

孟子称孔子为"圣之时者也"，认为在周游列国的过程中，孔子"可以速则速，可以久则久，可以处则处，可以仕则仕"（《孟子·公孙丑》上），是一位可以根据时局变化、形势发展、时机不同而灵活地调整自身言行，来保全自身、传承仁道的人。就孔子的一生而言，他确实也是一位因时而动，因时而变的学者。在处世方面时，他曾对颜回说："用之则行，舍之则藏，唯我与尔有是夫！"言下之意是：能够懂得根据时局变化而改变行道或传道策略的，只有他与颜回两人。在谈到行为方式时，他说:"君子之于天下也,无适也,无莫也,义之与比。"(《论语·里仁》)意思是:君子对于天下的事情,没有一定要做的,也没有一定不能做的,只要合乎"义"的要求,就是合情合理的,就可以做。① 在评价古之隐者时,他指出,伯夷、叔齐不仕乱朝、不食周粟,隐居首阳山下而饿死,是心迹超逸的隐者;柳下惠、少连虽仕乱朝,但言语合乎伦理,行为审慎严谨,是心逸迹不逸的隐者;虞仲、夷逸虽然隐居放言,但守身合乎清洁,发言合乎权宜,是超然世外的隐者。"我则异于是,无可无不可","我"与他们不同,不固执一端,不执着于一种做法,能够根据具体情况的变化而调整自己的言语和行为,凡事以合乎义理为准,或见或隐,或久或速,毫无执著。《中庸》与《易传》进一步阐释了孔子的"时"的观念。《中庸》曰:"君子中庸,小人反中庸。君子之中庸也,君子而时中;小人之中庸也,小人而无忌惮也。"朱熹认为,"时中"有三层含义:其一,指"随时而中",也就是时时处处做到恰到好处;其二,指"天然自有之中",使人的行为合乎客观存在的天地万物的运行法则;其三,指"执中用权",做事时根据事理的不同而权衡变化,使其无过与不及之弊。② 郑万耕指出,《易传》的"时观"包括根据时势、时机、时运不同而有所作为的"待时而动",如"归妹愆期,迟归有时";也包括与时间、时运、时势共进退的"与时偕行",如"终日乾乾,与时偕行";还包括改变旧格局,使新事物发展顺畅的"变通趋时",如"穷则变,变则通,通则久";三者均以"随时而处中"的"时中之义"为准则,如惠栋所言,"知时中之义,其于《易》也,则思过半矣"③。总的来说,孔子"因时而变"的思想,固然饱含着因为时局、时势、时机、时序的变化而进行的思想和言行的调整,但更重要的是"因时而变"背后孔子至死不变的"爱人""立人"之"仁道"。他"为学"的指向是通达"仁道",为政的目标是施行"仁道",为教的宗旨是传承"仁道",厄于陈蔡,困于匡地,折冲于诸侯与权臣之间,也是为了行"仁道"于天下。可以说,"时"内

---

① 李翔海:《从"圣之时者"与"因革损益"看孔子的精神品格》,《河北学刊》2006年第5期。
② 董根洪:《儒家真精神——"时中"》,《孔子研究》2003年第4期。
③ 郑万耕:《〈易传〉时观溯源》,《周易研究》2008年第5期。

含的"变"与"不变",构成了孔子执守"仁道"并且"因时而变"的仁者风范。

从现代教育的角度来说,教师应该是一个"因时而变"的仁者。对他而言,变动不居的应该是,不同年龄、性格和爱好的学生,适用于不同目标和内容的教学方法,根据学生发展状况应实施的差异化的奖惩手段和评价体系等;始终不渝的应该是,利益学生、爱护学生的仁心,志在传道、勤勉笃行的态度,以身作则、教学相长的原则等。学生也应该努力成长为"因时而变"的仁者。对他而言,变动不居的应该是,不同阶段的学习任务,不同特征的授课教师,不同年龄的挫折挑战,不断改变的社会环境等;始终不渝的应该是,志于道、志于仁的远大志向,热爱祖国、尊敬师长的美好品质,好学不倦、积极进取的为学态度,自强不息、终日乾乾的恒心毅力等。总之,以孔子的"因时而变"的仁者之道为典范,教师与学生只有"因时而变",不断调整解决问题的思路和方法,才能从容应对来自学习和生活中的各种挑战;只有坚守"仁道",常怀爱人、利人之心,才能在纷杂的社会现实中把握人生的方向,活出生命的精彩。

结　　语

通过对以《论语》为核心的"孔子之叹"的梳理与分析发现：

第一，"孔子之叹"可分为为学之叹、为政之叹、为教之叹和为道之叹四种。它们之间的关系是：为学是儒家进德修业的第一要事，它贯穿儒者的一生，是提升其道德学问与办事能力的根本。待学有所成后，若天下有道，儒者便入仕为官，通过为政来利益天下。若天下无道，则退而为教，通过传道于弟子，以待后世之明君。从本质上说，为学、为政、为教的过程都是为道，它们的不同表现与儒者内在修养的程度及其所处的社会环境有关。它们的内容与关系，反映了孔子以"内圣外王"为核心的人生观、道德观、政治观和教育观。

第二，"为学之叹"主要包含先秦儒家的为学志向、为学典范和为学态度。孔子推崇"志于道"或"志于仁"的为学志向，认为儒者应该以上古圣王尧、舜、禹，周朝圣人文、武、周公，时代贤者子产、晏婴、蘧伯玉等为典范，通过"好学不倦""乐以忘忧"的为学态度，逐步成长为德才兼备的时代精英，甚至是圣贤。就现代教育而言，孔子及其弟子将"道"或"仁"作为终生追求的目标，对于教育改革中"为仁由己"的主体性原则的确立和"学不能已"的终身学习理念的构建具有重要意义；兼具"古圣先贤"与"时代精英"的为学典范对树立多元化的榜样体系、深入了解榜样的内涵与行为动机具有重要作用；"乐学""好学"的为学态度对于激发学生的学习兴趣、有效避免不良学习态度的影响具有重要价值。

第三，"为政之叹"主要涉及孔子关于"礼崩乐坏""时无君子"的时代状况、为政原则和为政次第的感叹。在孔子看来，"礼崩乐坏"的实质是统治阶层失去了"仁者爱人"的精神，表现为原有社会秩序的崩坏和僭越礼制的现象层出不穷。这与当时各国统治者鲜少具备美好的德行，不能够推行王道政治有关，也就是与"时无君子"的时代特征有关。在治理国家的过程中，孔子认为，为政者应该秉持"以德治国""礼让为国""正人先正己"等原则，以"正名"为前提，遵循"庶""富""教"的为政次第，最终达到"无讼"的社会理想。"为政之叹"所包含的孔子思想对学校教育中"仁以为己任"的责任担当者、"勉强而为之"的时代逆行者、"正人先正己"的道德垂范者以及"无讼"社会的理想奋斗者的培养具有重要意义。

第四，"为教之叹"主要探讨了孔门的为教方法与为教内容，并从孔子对弟子的赞叹、感叹和惜叹中揭示了孔门的师生关系。孔子认为，教师应根据教育情境的不同灵活地选择教学方法，其中包括"叩则鸣"的问答法、"侍坐言志"的讨论法、"从游论道"的参观法、"历事而教"的实践法等。在教学过程中，以《诗》《书》《礼》《乐》为基本科目，以《易》《春秋》为高等科目。在教导弟子时，教师应对弟子的"贤能"与"不肖"之处及时给予正面或负面的反馈，并与弟子建立"师徒如父子"的师生关系。"为教之叹"所呈现的教育思想对当代教育改革中教学方法的多元化、教育内容的综合化、良好师生关系的建立等具有重要的参考价值。

第五，"为道之叹"涵盖了孔子的志道学道之叹、乐道守道之叹和行道传道之叹。在孔子看来，"道"广泛存在于人们的日用常行之中，是君子修身治国、民众安居乐业的根本。在学道过程中，君子应遵循"谋道不谋食"的原则，通过"一以贯之"的为道路径，逐渐加深对道的感悟和理解。学道笃诚，日久自然明道于心，此时之君子，虽处贫困潦倒之中，也能安贫乐道；虽在颠沛流离之时，也能固穷守道。学成之后，君子便可以通过入仕来行道于天下，即使在这个过程中屡遭挫折，也应有"知其不可而为之"的勇气与淑世精神。若大道难行已成天下大势，君子便可以教书授徒，通过教育培养继承道统、传道救世的未来人才。"为道之叹"的思想，对于当今教育形上体系的建构、学生理想人格的形成以及仁者之道的确定具有重要意义。

与以往研究相比，本书系统整理了"孔子之叹"中所蕴含的教育思想，对于深化孔子教育思想的研究、推动中国特色的教育科学理论体系的建设具有一定的理论与实践意义。本书对"孔子之叹"中的为学典范、为学态度、为教方法、弟子之叹等相关内容的解读与分析，弥补了现有研究在孔子为学思想与师生关系上的不足。在"行道传道之叹"中，孔子对"道之不行"的判断，经历了由"积极入仕"到"勉强行道"再到"大道难行"的心路历程，这一观点也具有一定的新意。

  毋庸讳言，本书也有自身之局限。其一，本书以《论语》为核心文本，以"孔子之叹"为切入点，所探讨的只是孔子思想及其教育意蕴的其中一个面向，难免有管窥蠡测之弊。事实上，《礼记》《左传》《孔子家语》等经典中的孔子形象有所不同，它们所蕴含的教育思想也多有差异，期待未来研究能够以不同文本为核心，探讨其中所蕴含的教育思想及其现代价值。其二，本书对"为政之叹"教育意蕴的挖掘，主要涉及了学生对理想人格的追求和对理想社会的奋斗，挖掘的力度不足，教育色彩较弱。希望后续研究能够进一步挖掘其中的德育思想，并为现代德育的改进提供有益的借鉴。

参考文献

一 著作

（一）注疏类

（汉）董仲舒：《春秋繁露》，中华书局2011年版。

（汉）孔安国：《孔子家语》，上海古籍出版社2019年版。

（三国）何晏、（宋）邢昺：《论语注疏》，中国致公出版社2016年版。

（梁）皇侃、（唐）孔颖达：《十三经注疏》，台北：艺文印书馆1989年版。

（唐）李隆基注，（宋）邢昺疏：《孝经》，上海古籍出版社2014年版。

（宋）朱熹：《四书章句集注》，上海古籍出版社2006年版。

（明）胡广、杨荣等：《四书大全校注》，武汉大学出版社2009年版。

（明）张居正：《四书直解》，九州出版社2010年版。

（清）戴望：《戴氏注论语小疏》，华东师范大学出版社2014年版。

（清）刘宝楠：《论语正义》，中华书局1990年版。

（清）王夫之：《读四书大全说》，中华书局1975年版。

程树德：《论语集释》，中华书局2013年版。

程俊英：《诗经译注》，上海古籍出版社2006年版。

承载：《春秋谷梁传译注》，上海古籍出版社2016年版。

丁联、曾振宇：《大学中庸新注》，人民出版社2015年版。

杜维明：《中庸洞见》，人民出版社2008年版。

高柏图：《中庸形上思想》，台北：东大图书公司2016年版。

黄克剑：《论语疏解》，中国人民大学出版社2010年版。

黄忠天：《中庸释疑》，台北：万卷楼图书股份有限公司2015年版。

李炳南：《论语讲要》，长江文艺出版社2011年版。

李龙生：《新译传习录》，台北：三民书局2012年版。

李零：《丧家狗：我读〈论语〉》，陕西人民出版社2007年版。

李梦生：《左传译注》，上海古籍出版社2016年版。

刘尚慈：《春秋公羊传译注》，中华书局2010年版。

李泽厚：《论语今读》，生活·读书·新知三联书店2004年版。

李毅婷、曾振宇：《论语新注》，人民出版社2015年版。

钱穆：《论语新解》，九州出版社2011年版。

屈万里：《尚书今注今译》，上海辞书出版社2015年版。

汤化译注：《晏子春秋》，中华书局2015年版。

邬国义等：《国语译注》，上海古籍出版社2017年版。

许仁图：《子曰论语》，上海三联书店2014年版。

许仁图：《说孟子》，花山文艺出版社2015年版。

熊公哲：《荀子今注今译》，重庆出版社2008年版。

谢冰莹等：《新译四书读本》，台北：三民书局2007年版。

杨伯峻：《论语译注》，中华书局2009年版。

杨伯峻：《孟子译注》，中华书局2008年版。

杨伯峻：《春秋左传注》，中华书局2016年版。

杨天宇：《礼记译注》，上海古籍出版社2016年版。

杨树达：《论语疏证》，上海古籍出版社2016年版。

曾振宇：《孟子新注》，人民出版社2012年版。

朱高正：《易传通解》，华东师范大学出版社2015年版。

[日] 竹添光鸿：《论语会笺》，凤凰出版社2012年版。

　　（二）文史哲类

（汉）司马迁：《史记》，中华书局1982年版。

（汉）刘向：《战国策》，上海古籍出版社2015年版。

（汉）刘安：《淮南子》，凤凰出版社2009年版。

（宋）苏轼：《苏轼文集·上韩太尉书》，中华书局1982年版。

（明）焦竑：《焦氏笔乘》，中华书局2008年版。

（清）陈士珂：《孔子家语疏证》，凤凰出版社2017年版。

（清）戴震：《戴震全书》，黄山书社2010年版。

（清）梁启超：《梁启超全集·论宗教家与哲学家之长短得失》（第二册），北京出版社 1999 年版。
（清）梁启超：《先秦政治思想史》，中华书局 2016 年版。
（清）皮锡瑞：《经学历史》，中华书局 2011 年版。
（清）李颙：《二曲集》，中华书局 1996 年版。
（清）刘沅：《槐轩全书·大学古本质言》，巴蜀书社 2006 年版。
（清）章学诚：《文史通义校注》，中华书局 2014 年版。
蔡仁厚：《孔门弟子志行考述》，台北：台湾商务印书馆 1992 年版。
陈来：《仁学本体论》，生活·读书·新知三联书店 2014 年版。
丁原植：《郭店楚简：儒家佚籍四种释析》，台北：台湾古籍出版社 2004 年版。
冯友兰：《中国哲学史》，重庆出版社 2009 年版。
胡适：《中国哲学史大纲》，广西师范大学出版社 2013 年版。
黄鸣：《春秋列国地理图志》，文物出版社 2017 年版。
金景芳、吕绍刚、吕文郁：《孔子新传》，湖南出版社 1991 年版。
李长之：《孔子传》，东方出版社 2010 年版。
劳思光：《新编中国哲学史》，生活·读书·新知三联书店 2015 年版。
李泽厚：《中国古代思想史论》，生活·读书·新知三联书店 2008 年版。
李泽厚：《说儒学四期》，上海译文出版社 2012 年版。
钱穆：《孔子传》，生活·读书·新知三联书店 2012 年版。
钱穆：《中国经济史》，北京联合出版公司 2013 年版。
钱穆：《周公》，九州出版社 2011 年版。
钱穆：《先秦诸子系年》，商务印书馆 2015 年版。
屈万里：《诗经释义》，台北：文化大学华冈出版部 1980 年版。
童书业：《春秋史》，河南人民出版社 2016 年版。
王明珂：《反思史学与史学反思》，上海人民出版社 2016 年版。
许仁图：《哲人孔子传》，上海三联书店 2016 年版。
余培林：《新译老子读本》，台北：三民书局 2014 年版。
张岂之：《中国思想学说史》，广西师范大学出版社 2008 年版。
张宗舜、李景明：《孔子大传》，山东友谊出版社 2002 年版。
张志伟：《西方哲学十五讲》，北京大学出版社 2004 年版。

［加］南希·帕特纳、［英］萨拉·富特：《史学理论手册》，余伟等译，格致出版社2017年版。

［美］塞利格曼：《真实的幸福》，洪兰译，万卷出版公司2010年版。

［日］田琦仁义：《先秦经济史》，周咸堂译，陕西人民出版社2015年版。

［以色列］尤瓦尔·赫拉利：《人类简史：从动物到上帝》，林俊宏译，中信出版社2017年版。

［英］特里·伊格尔顿：《后现代主义的幻象》，华明译，商务印书馆2000年版。

（三）辞书类

（汉）许慎撰，（清）段玉裁注：《说文解字注》，凤凰出版社2007年版。

陈复华主编：《古代汉语词典》，商务印书馆1998年版。

宗富邦、陈世铙、萧海波主编：《故训汇纂》，商务印书馆2003年版。

张岱年主编：《中国哲学大辞典》（修订本），上海辞书出版社2014年版。

张岱年主编：《孔子大辞典》，上海辞书出版社1993年版。

中国大百科全书出版社编辑部：《中国大百科全书·教育》，中国大百科全书出版社1985年版。

（四）教育类

陈桂生：《孔子授业研究》，科学教育出版社2012年版。

高申春：《人性辉煌之路：班杜拉的社会学习理论》，湖北教育出版社1999年版。

黄济：《教育哲学通论》，山西教育出版社2008年版。

李弘祺：《学以为己：传统中国的教育》，华东师范大学出版社2015年版。

毛礼锐、沈灌群主编：《中国教育通史》（第一卷），山东教育出版社1985年版。

孙莉萍主编：《教学论》，辽宁大学出版社2012年版。

石中英：《教育哲学》，北京师范大学出版社2007年版。

檀传宝：《德育原理》，北京师范大学出版社2007年版。

钟启泉、汪霞、王文静主编：《课程与教学论》，华东师范大学出版社2008年版。

赵承福主编：《山东教育通史》，山东人民出版社2001年版。

［法］保罗·朗格让：《终身教育导论》，滕星等译，华夏出版社 1988 年版。

联合国教科文组织教育发展委员会：《学会生存：教育世界的今天与明天》，教育科学出版社 1996 年版。

二 论文

白宗让、杜维明：《"圣之时者"与"天人合一"》，《中国文化研究》2018 年第 3 期。

毕宝魁：《〈论语〉"不有祝鮀之佞"章本义辨析》，《北京大学学报》（哲学社会科学版）2009 年第 2 期。

蔡新乐：《"归于归于"与"斐然成章"之译解》，《外语研究》2017 年第 1 期。

陈赟：《"学而时习之"与〈论语〉的开端》，《华东师范大学学报》（哲学社会科学版）2012 年第 3 期。

陈晨：《〈论语〉中的"学"与"好学"》，《湖南师范大学教育科学学报》2017 年第 1 期。

陈高华：《学而为人——〈论语·学而〉的教育意蕴》，《湖南师范大学教育科学学报》2015 年第 1 期。

陈会昌、顾援、卢红、张林改：《态度教育论的理论模式与实验探索》，《教育理论与实践》2001 年第 2 期。

陈连珠、李宪川：《孔子"君子不器"教育思想解读》，《兰台世界》2014 年第 33 期。

陈来：《论儒家教育思想的基本理念》，《北京大学学报》（哲学社会科学版）2005 年第 5 期。

陈来：《〈论语〉的德行伦理体系》，《清华大学学报》（哲学社会科学版）2011 年第 1 期。

陈继红、赵妍妍：《朝向生命共生：儒家师生之"乐"教育学解读》，《教育研究》2021 年第 1 期。

陈桃兰：《孔子与柏拉图的教育思想比较》，《管子学刊》2004 年第 1 期。

晁福林：《"时命"与"时中"：孔子天命观的重要命题》，《清华大学学报》（哲学社会科学版）2008 年第 5 期。

晁福林：《对于孔子教育思想的若干新认识》，《孔子研究》1999 年第 4 期。

程建功：《〈周易〉与儒家"时中"观的渊源》，《甘肃社会科学》2005 年第 1 期。

楚啸原、理原：《师生关系对研究生自我效能感的影响：有调节的中介模型》，《心理发展与教育》2021 年第 2 期。

迟艳杰：《师生关系新探》，《课程·教材·教法》2020 年第 9 期。

戴晓娥：《整合视野下信息技术与语文教学深度融合的实践探索》，《中国电化教育》2015 年第 3 期。

段微晓、阮海波：《孔子的教育民主思想及其现实启示》，《教学与管理》2016 年第 1 期。

董根洪：《儒家真精神——"时中"》，《孔子研究》2003 年第 4 期。

傅茂旭、于洪波：《21 世纪初牛津、东京与哈佛大学董事会改革的比较》，《高教探索》2020 年第 2 期。

高培华：《"君子儒"与"小人儒"新诠》，《河南大学学报》（社会科学版）2012 年第 4 期。

顾明远、石中英：《学习型社会：以学习求发展》，《北京师范大学学报》（社会科学版）2006 年第 1 期。

何光顺：《孔子"中庸"的"时中"境域——兼评当代新儒家新性儒学和政治儒学两条路径》，《哲学研究》2019 年第 9 期。

胡乐乐：《孔子〈论语〉教育思想的五个新解》，《北京社会科学》2015 年第 10 期。

黄重庆：《浅议孔子与苏格拉底教育思想的异同》，《教育科学》2003 年第 12 期。

黄晓珠：《孔子学思理论的文化语境还原——基于〈论语〉文本的解读》，《教育学报》2016 年第 2 期。

金香花：《"时"：原始儒家的伦理情境式》，《中华文化论坛》2012 年第 6 期。

贾海涛：《孔子的形而上学及其对中国哲学本体论的贡献》，《暨南学报》（哲学社会科学版）2006 年第 9 期。

姜朝晖：《"樊迟请学稼"释义新探》，《兰州大学学报》2013 年第 2 期。

孔京京：《试论孔子教育性对话言说方式的基本特征》，《孔子研究》2007年第5期。

黎红雷：《孔子"君子学"的三种境界——论语首章集释》，《孔子研究》2014年第3期。

李宝金：《论子产及其改革》，《兰州学刊》1984年第6期。

李长伟：《师生关系的古今之变》，《教育研究》2012年第8期。

李长伟：《"敬"与"诚"张力中的古典教育》，《全球教育展望》2019年第4期。

李宏：《从"性相近，习相远"管窥孔子教育思想》，《历史教学》（高校版）2007年第5期。

李金枝、梁永平：《孔子教育思想的当代诠释》，《教育理论与实践》2008年第12期。

李君如：《中国梦与中华民族的社会理想》，《中国国家博物馆馆刊》2015年第12期。

李瑾瑜：《关于师生关系本质的认识》，《教育评论》1998年第4期。

李凯：《"觚不觚"再释》，《四川文物》2009年第5期。

李丽丽、凌皓：《儒学人学思想探析——以教育为视角》，《教育研究》2009年第11期。

李群、于洪波：《〈周易〉的"时中"观及其教育境鉴》，《当代教育科学》2016年第3期。

李诗和、徐玖平：《自然主义教育思想视域下孔子教育思想的特征研究》，《理论月刊》2017年第3期。

李诗和、徐玖平：《人本原理视角下孔子教育思想体系研究》，《湖北民族学院学报》2017年第2期。

李翔海：《从"圣之时者"与"因革损益"看孔子的精神品格》，《河北学刊》2006年第5期。

李毅、秦书生：《习近平关于政德建设重要性论述探析》，《思想政治教育研究》2020年第2期。

李智：《析"时中"在孔子生存境域中的魅力》，《孔子研究》2003年第5期。

李智福：《孔子"临流兴怀"之现象学考察》，《齐鲁学刊》2016年第

3 期。

刘全志：《孔子眼中的舜"无为而治"新论》，《中国哲学史》2013 年第 1 期。

刘雪飞：《"伯牛有疾"现象探析》，《齐鲁学刊》2016 年第 6 期。

刘光洁：《孔子教育思想探析》，《贵州社会科学》2014 年第 6 期。

刘蕙孙：《孔子政治思想重探》，《东岳论丛》1982 年第 2 期。

刘慧敏：《孔子之为教育——浅谈孔子教育伦理思想》，《社会科学家》2007 年第 11 期。

刘俊雅：《孔子言志教育的主导思想和目的刍议——析〈论语·子路、曾皙、冉有、公西华侍坐〉》，《新疆大学学报》（哲学社会科学版）1995 年第 1 期。

刘青秀：《由〈论语〉看孔子的教育对象观》，《现代大学教育》2008 年第 3 期。

刘伟：《"德行"维度分析——以颜渊、闵子骞、冉伯牛、仲弓为例》，《孔子研究》2014 年第 2 期。

刘源俊：《从现代角度看孔子思想》，《中国政法大学学报》2015 年第 1 期。

刘兆伟：《孔子与苏格拉底教育思想之比较》，《教育评论》2002 年第 5 期。

林美：《学校榜样教育低效的归因分析与改进》，《教学与管理》2013 年第 25 期。

刘震：《孔子与易传的文本形成之管见》，《孔子研究》2011 年第 4 期。

吕寿伟：《形而上学教育哲学的"存在"困境与精神出路》，《南京师大学报》（社会科学版）2021 年第 2 期。

桑锦龙：《我国高等学校师生关系的特点及治理》，《教育研究》2021 年第 1 期。

孙秀昌：《"生命在场"与"临界处境"——由孔子哭颜渊兼谈良知哲人的生死观》，《邯郸学院学报》2005 年第 4 期。

施晓光：《孔子和亚里士多德——一个比较教育思想史的研究》，《外国教育研究》2005 年第 2 期。

石中英：《孔子"仁"的思想及其当代教育意义》，《教育研究》2018 年第 4 期。

孙德玉、许露：《论先秦儒家"比德"思想的教育意涵》，《高等教育研究》2015 年第 7 期。

孙维胜：《论学生正确的学习态度及其培养》，《当代教育科学》2003 年第 19 期。

唐根希：《有天下而不与——试论〈泰伯〉的开篇与结尾》，《孔子研究》2014 年第 2 期。

王爱菊：《中国师生关系研究的回顾与反思》，《社会科学战线》2020 年第 7 期。

王杰、任松峰：《儒家大同理想与中国梦》，《中国党政干部论坛》2014 年第 2 期。

王银铎、高伟：《教育哲学实证转向：以杜威研究为例》，《教育科学》2019 年第 6 期。

吴宝锁、张慧、屈廖健：《新教改背景下的师生共同体构建与大学生能力发展研究》，《西南师范大学学报》（自然科学学报）2020 年第 12 期。

吴龙灿：《中国道路与儒家理想社会》，《孔子研究》2015 年第 1 期。

吴天明：《〈论语·阳货〉篇"女子与小人"新解》，《孔子研究》2020 年第 3 期。

吴先伍：《从"时中"汲取人与自然和谐共生的智慧》，《哈尔滨工业大学学报》（社会科学版）2018 年第 6 期。

魏寒冰：《习近平德政观的理论内涵及其时代价值》，《理论导刊》2019 年第 5 期。

夏杨燕、程晋宽：《从"被动接受式习得"到"自适应学习"》，《高等理科教育》2018 年第 6 期。

肖琦：《"子谓〈韶〉"章辨正——孔子思想中的艺术与伦理》，《孔子研究》2016 年第 6 期。

肖绍明：《教育形而上学的主题变奏》，《南京社会科学》2016 年第 12 期。

萧成勇：《从"以德帅智"到"以智帅德"——墨学道德教育思想对先秦儒家的超越》，《现代大学教育》2016 年第 5 期。

项显明：《作为科目、学科和科学的教育学》，《教育研究》2019 年第

9 期。

许梦瀛：《孟子对孔子教育思想的继承与发展》，《河南师范大学学报》（哲学社会科学版）2000 年第 1 期。

杨晓萍、尹芳：《从孔子教育观看当今素质教育》，《西南师范大学学报》（人文社会科学版）2002 年第 5 期。

杨柱：《孔子教育思想对当代素质教育的启示》，《孔子研究》2007 年第 1 期。

叶子、庞丽娟：《师生互动的本质与特征》，《教育研究》2001 年第 4 期。

余治平：《"泰伯三让"何以"无得而称"？——儒家之让的德性自觉与工夫落实》，《社会科学》2014 年第 10 期。

于龙斌：《孔子教育思想与现代终身教育理念》，《孔子研究》2004 年第 4 期。

詹艾斌：《孔子以"大"论尧问题初探》，《江西师范大学学报》（哲学社会科学版）2003 年第 6 期。

张燕婴：《"周监于二代，郁郁乎文哉，吾从周"探释》，《北京大学学报》（哲学社会科学版）2003 年第 4 期。

张倩红：《圣经时代犹太教育与先秦儒家教育思想比较》，《河南大学学报》（社会科学版）2004 年第 6 期。

张昊：《陶行知与孔子教育公平思想比较》，《中学政治教学参考》2016 年第 15 期。

张野、李其维：《初中生师生关系、归因方式、成就目标定向与学业成绩的关系》，《心理科学》2010 年第 4 期。

张世昌、张博：《当代研究生师生伦理关系异化之追问》，《研究生教育研究》2021 年第 2 期。

张帅：《我国师生交往研究的热点主题及前沿分析——基于 CiteSpace 的可视化分析》，《黑龙江高教研究》2021 年第 3 期。

朱哲、鹿丽萍：《有教无类 立德树人——孔子教育思想的伦理意蕴》，《伦理学研究》2009 年第 5 期。

朱东根：《论孔子的教育教学思想》，《东南大学学报》（哲学社会科学版）2011 年第 4 期。

朱高正：《论儒——从〈周易〉古经论证"儒"的本义》，《社会科学战线》1997年第1期。

朱莉:《"中国梦"文化精神的解读——基于先秦儒家思想的考察》,《理论学刊》2014年第5期。

朱敏、高志敏:《终身教育、终身学习与学习型社会的全球发展回溯与未来思考》,《开放教育研究》2014年第2期。

赵敏、黄明亮、何晋铭:《新时代中小学师生关系的现实图景与和谐之道——基于全国1669名中小学教师的调查》,《教育研究与实验》2021年第1期。

赵玫:《〈论语〉"子贡欲去告朔之饩羊"章解》,《切磋集系列》2015年第1期。

赵庸谦:《〈论语〉"不愤不启"章教育思想初探》,《孔子研究》2017年第1期。

庄仕文:《习近平对儒家官德思想的创造性发展》,《理论导刊》2020年第8期。

庄紫园、张祥浩:《"有教无类"的是与非》,《学术界》2015年第12期。

周文叶、边国霞、文艺:《师生关系对学生学业成绩的影响——基于师生关系与学业关系的实证研究综述》,《外国教育研究》2020年第9期。

郑少君:《高校师生关系影响因素与构建对策初探》,《黑龙江高教研究》2004年第4期。

郑万耕:《〈易传〉时观溯源》,《周易研究》2008年第5期。

[新加坡]劳悦强:《"异端"的思想史考察》,《杭州师范大学学报》(社会科学版)2020年第1期。

三 网站及报纸

中共中央、国务院:《中国教育改革和发展纲要》,1993年2月13日,http://www.moe.gov.cn/jyb_sjzl/moe_177/tnull_2484.html。

国家中长期教育改革和发展规划纲要工作小组办公室:《国家中长期教育改革和发展纲要(2010—2020)》,2010年7月29日,http://www.moe.gov.cn/srcsite/A01/s7048/201007/t20100729_171904.html。

教育部:《关于全面深化课程改革落实立德树人根本任务的意见》,2014年3月30日,http://www.tyxx.ecnu.edu.cn/_upload/article/files/e2/

44/40b848914dc6ab3f80c7bcc899d5/3b20963c－c126－4be0－a706－351 72597c4eb. pdf。

《光明日报》评论员:《领导干部要讲政德》,《光明日报》2018 年 3 月 14 日 01 版。

后　　记

  本书是由我的博士论文修改而成的，主要从"孔子之叹"的角度探讨了孔子的哲思与教育意蕴。本书的最终成型离不开太多人对我的帮助。

  首先，感谢我的博士生导师于洪波老师。于师为我的书稿写作和人生规划提供了诸多建议，并帮助我最终确定了整体框架。他总在第一时间看完我上交的书稿，并且细致地修改其中不恰当的措辞。他又总是鼓励我笑对学术和生活中的不同挑战，把写作与发表当作一个修炼身心的过程。可以说，我每一章内容的撰写，每一次点滴的进步，都离不开于师的帮助和指导。

  其次，感谢我的硕士生导师田道勇老师。田师看事通透。在我眼中天大的事，在他看来，不过毛毛雨而已。每次见到田师，他都会很关心地问我生活和写作的问题，然后三言两语就为我点明方向。无论我走多远，他始终是我心中坚实的依靠。

  再次，感谢德明经典文化交流中心的应雨桥老师。应师是我努力想要践行儒家思想的引路人。他打破了我思维中诸多的僵化理念，把他的所知、所悟毫无保留地与我分享。在他那里，我更加形象地了解到儒学生活化、精英化、时代化的不同面相。他对儒学有独到深刻的见解，对自身德行和办事能力有意识地进行打磨，对新生事物充满热情与好奇，为我的学习与实践树立了最好的标杆。

  感谢在我的写作中提供指导的冯永刚老师、赵昌木老师、李长伟老师、唐汉卫老师，感谢在日常生活中为我提供诸多帮助的王宝红老师、吴玉清老师，感谢在学习过程中相互鼓励、切磋琢磨的同级好友、同门好友和舍友。

最后，本书的顺利出版得益于王康宁老师的支持，得益于中国社会科学出版社安芳编辑的认可与校正，在此致以真诚的谢意！

愿天佑善人！愿我爱的人健康快乐！愿天下所有的善人健康快乐！

傅茂旭
2024 年 3 月 5 日